Jäckel/Schneider

Der strafrechtliche Aktenvortrag
im Assessorexamen

Der strafrechtliche Aktenvortrag im Assessorexamen

von

Dr. Holger Jäckel

Richter am Oberlandesgericht

Prüfer im Ersten und Zweiten Staatsexamen

Dirk J. Schneider

Rechtsanwalt

7. Auflage 2021

C.H.BECK

www.beck.de

ISBN 978 3 406 76834 7

Wilhelmstraße 9, 80801 München
Druck: Druckerei C.H.Beck Nördlingen
(Adresse wie Verlag)

Satz: DTP-Vorlagen der Autoren
Umschlaggestaltung: Druckerei C.H.Beck Nördlingen

CO_2 neutral

chbeck.de/nachhaltig

Gedruckt auf säurefreiem, alterungsbeständigem Papier
(hergestellt aus chlorfrei gebleichtem Zellstoff)

Vorwort

Die bisherigen Auflagen des Buches sind auf große Resonanz gestoßen, so dass wiederum nach kurzer Zeit eine Neuauflage ansteht. Dies zeigt, dass viele Referendare an einer gezielten Vorbereitung auf den strafrechtlichen Aktenvortrag interessiert sind.

Die Konzeption des Buches ist unverändert geblieben: Neben den allgemeinen Hinweisen zum Aufbau des Aktenvortrags werden die einzelnen Vortragsvarianten detailliert behandelt. Prüfungsschemata und zahlreiche Formulierungsbeispiele helfen bei der praktischen Umsetzung. Hinzu kommen Übungsfälle zu gängigen Sachverhaltskonstellationen. Daneben enthält der Band wertvolle Ratschläge, wie die gefundene Lösung auch überzeugend präsentiert werden kann. Er hilft somit, die persönlichen Fähigkeiten der mündlichen Darstellung zu verbessern. An geeigneten Stellen wurden Hinweise auf nützliche weiterführende Literatur eingefügt. Der Referendar erhält somit ein ebenso kompaktes wie reichhaltiges Paket zur Vorbereitung auf die mündliche Examensprüfung.

Für Anregungen und Ergänzungen sind wir stets dankbar. Ihre Hinweise senden Sie bitte an *ra-schneider@gmx.net*.

Nürnberg/Erfurt, Februar 2021

Dr. Holger Jäckel
Dirk J. Schneider

Inhaltsverzeichnis

Literaturverzeichnis

Balzer Christian/Forsen, Klaus, Relations- und Urteilstechnik, Aktenvortrag, 6. Aufl. 1989

Beulke, Werner/Swoboda, Sabine, Strafprozessrecht, 15. Aufl. 2020

Budde-Hermann, Constanze/Schöneberg, Birgit, Der Kurzvortrag im Assessorexamen, Zivilrecht, 6. Aufl. 2009

Charchulla, Tim/Welzel, Marcel, Referendarausbildung in Strafsachen, 4. Aufl. 2018

Ebert, Johannes/Gregor, Klaus/Günter, Peter, Die Anwaltsklausur in der Zweiten Juristischen Staatsprüfung, 2003

Elzer, Oliver/Lemmel, Ulirike/Schiller, Genot/Weschke, Johanna/Westphal, Karsten/Zivier, Ezra, Sicher durch das 2. Staatsexamen, 2. Aufl. 2019

Fischer, Thomas, Strafgesetzbuch, 68. Aufl. 2021

Hannich, Rolf (Hrsg.), Karlsruher Kommentar zur StPO, 8. Aufl. 2019 (zit.: KK/*Bearbeiter*)

Jäckel, Holger, Der zivilrechtliche Aktenvortrag im Assessorexamen, 6. Aufl. 2021

Joecks, Wolfgang/Miebach, Klaus (Hrsg.), Münchener Kommentar zum StGB, 3. Aufl. 2017 (zit.: MüKo-StGB/*Bearbeiter*)

Kaiser, Wolfdieter/Schöneberg, Birgit, Der Kurzvortrag im Assessorexamen, Strafrecht, 6. Aufl. 2009

Lackner, Karl/Kühl, Kristian, Strafgesetzbuch, 29. Aufl. 2018

Laufhütte, Heinrich Wilhelm/Rissing-van Saan, Ruth/Tiedemann, Klaus (Hrsg.), Strafgesetzbuch – Leipziger Kommentar, 12. Aufl. 2008 (zit.: LK/*Bearbeiter*)

Metzig, Werner/Schuster, Martin, Prüfungsangst und Lampenfieber, 3. Aufl. 2006

Meyer-Goßner, Lutz/Schmitt, Bertram, Strafprozessordnung, 63. Aufl. 2020

Müller Christmann, Bernd, Der Kurzvortrag in der Assessorprüfung, 3. Aufl. 2000

Pagenkopf, Martin/Pagenkopf, Oliver/Rosenthal, Axel, Der Aktenvortrag im Assessorexamen, 5. Aufl. 2016

Patett, Werner, Die praktische Kunst des praktischen juristischen Aktenvortrags, 2007

Rosenberger, Rainer/Solbach, Günter/Wahrendorf, Volker, Der Aktenvortrag im Zivilrecht, Strafrecht und Öffentlichen Recht, 4. Aufl. 2004

Rudolphi, Hans-Joachim/Horn, Eckhard/Samson, Erich (Begr.), Systematischer Kommentar zum StGB, Stand 2012 (zit.: SK/*Bearbeiter*)

Schönke, Adolf/Schröder, Horst (Begr.), Strafgesetzbuch, 30. Aufl. 2019

Sobota, Sebastian/Wipplinger, Tobias, Die strafrechtliche Revision im Assessorexamen, 2016

Theesfeld, Claudia, Der Aktenvortrag im Zivilrecht, 3. Aufl. 2009

Teubner, Ernst, Die mündliche Prüfung in beiden juristischen Examina – der Aktenvortrag, 4. Aufl. 1994

Vollmer, Walter/Heidrich, Andreas/Neher, Ivo, Die Assessorklausur im Strafprozess, 12. Aufl. 2019
Wolters, Gereon/Gubitz, Michael, Strafrecht im Assessorexamen, 8. Aufl. 2017

Kapitel 1. Grundlagen

A. Gesetzliche Regelungen

In allen Bundesländern – mit Ausnahme von Bayern – ist vorgesehen, dass zu Beginn des mündlichen Teils der Zweiten juristischen Staatsprüfung ein Kurzvortrag gehalten werden muss. In Berlin/Brandenburg hat man die Bezeichnung „berufspraktischer Teil" gewählt. Die rechtlichen Grundlagen finden sich in den nachfolgenden Vorschriften der einzelnen Justizausbildungs-/prüfungsordnungen: 1

Baden-Württemberg	§ 53 II–V JAPrO
Berlin/Brandenburg	§ 29 I JAO
Bremen/Hamburg/Schleswig-Holstein	§ 16 III–IV JurPrAmtÜbk
Hessen	§ 50 JAG, 33 IV JAO
Mecklenburg-Vorpommern	§ 50 II–V JAPO M-V
Niedersachsen	§ 39 I NJAVO
Nordrhein-Westfalen	§§ 15 IV, 55 JAG NRW, § 37 JAO
Rheinland-Pfalz	§ 7 III JAG, § 40 III JAPO
Saarland	§ 29 II JAG
Sachsen	§ 49 I, III SächsJAPO
Sachsen-Anhalt	§ 49 II, III JAPrVO
Thüringen	§ 49 II–IV ThürJAPO

Die **Vorbereitungszeit** liegt zum Teil bei 60 Minuten, in Baden-Württemberg beträgt sie 75 Minuten, in Bremen, Hamburg, Mecklenburg-Vorpommern, Rheinland-Pfalz, Schleswig-Holstein und Thüringen sind 90 Minuten vorgesehen. Das zu bearbeitende Aktenstück wird zu Beginn dieser Vorbereitungszeit ausgehändigt. 2

Die **Vortragsdauer** ist in vielen Bundesländern durch Verordnung geregelt, teilweise nur durch Hinweise der Prüfungsämter. Sie beträgt ganz überwiegend zehn Minuten; in Nordrhein-Westfalen handelt es sich um eine Solldauer, die Grenze liegt bei zwölf Minuten.[1]

Keine einheitlichen Regelungen bestehen hinsichtlich des **Rechtsgebietes**, dem der Aktenvortrag entstammt. Teilweise wird an das Wahlfach bzw. die Wahlstation des Kandidaten angeknüpft, so in Nie-

---

[1] Weisungen für den Aktenvortrag des nordrhein-westfälischen Justizministeriums.

dersachsen, Hessen und Rheinland-Pfalz; teilweise obliegt die Auswahl dem Justizprüfungsamt und wird dem Prüfling mit der Ladung bekannt gegeben. In Baden-Württemberg und Sachsen kann der Referendar das Rechtsgebiet selbst wählen.

3 Einige Prüfungsordnungen sehen ein anschließendes **Vertiefungsgespräch** von maximal 5 Minuten vor (Berlin/Brandenburg, Bremen/ Hamburg/Schleswig-Holstein, Niedersachsen, Thüringen), andere schließen derartiges ausdrücklich aus (Nordrhein-Westfalen, Sachsen-Anhalt).

Diese anschließenden Nachfragen geben keinen allgemeingültigen Hinweis darauf, ob die Prüfer mit dem Vortrag einverstanden waren oder einzelne Punkte zu bemängeln hatten.[2] Vielmehr soll häufig nur hinterfragt werden, welche Gedanken sich der Kandidat gemacht hatte oder wie bei einem anderen denkbaren Lösungsweg zu verfahren wäre. Es können aber auch Zusatzthemen besprochen werden, die mit der Vortragsakte oder dem betreffenden Schwerpunktbereich zusammenhängen.[3] Gute Prüflinge können hierbei einen positiven Eindruck noch untermauern und sollten sich jedenfalls nicht verunsichern lassen.

B. Zweck und Bedeutung des Aktenvortrags

I. Berufspraktischer Hintergrund

4 Der Aktenvortrag ist vom Standpunkt des den Fall bearbeitenden Praxisjuristen zu halten, welcher die dem Zuhörer noch unbekannte Sache in einer Beratung vorstellt.[4] Klassischerweise wird vom Sachbearbeiter ausgegangen, der anderen mit der Sache nicht vertrauten Kollegen den zur Entscheidung anstehenden Fall näher bringt. Man mag etwa an den jungen Staatsanwalt denken, der dem vorgesetzten Abteilungs- oder Behördenleiter über einen aktuellen Fall berichtet.[5]

Entsprechend der Schwerpunktsetzung innerhalb der Juristenausbildung gewinnt die Perspektive des Rechtsanwalts an Bedeutung. In Niedersachsen hat dies zur Folge, dass nur noch Vorträge mit anwaltlicher Aufgabenstellung geprüft werden (§ 39 I NJAVO). Auch aus anderen Bundesländern sind Fälle aus Verteidigersicht bekannt. Generell kann sich aber in allen juristischen Berufszweigen die Aufgabe stellen, zu einem praktischen Rechtsfall nach kurzer Vorbereitung die

---

[2] *Knappmann* JA 1983, 643 (644).

[3] *Diercks-Harms* JA 2007, 285 (290).

[4] Weisungen für den Aktenvortrag des nordrhein-westfälischen Justizministeriums.

[5] Hinweise des Landesjustizprüfungsamtes Sachsen-Anhalt für Vorträge mit strafrechtlicher Aufgabenstellung.

eigene Auffassung verbunden mit einem kurzen Vorschlag darzulegen.[6] Es geht also um die Simulation einer alltäglichen Situation und um das Aufzeigen juristischer Berufsqualifizierung.[7]

In einigen Ländern ist das Ziel dieses Kurzvortrags sogar gesetzlich umschrieben. So heißt es in **Thüringen** (§ 49 III ThürJAPO):

Der Aktenvortrag dient der Feststellung, ob der Rechtsreferendar fähig ist, in beschränkter Zeit für einen Entscheidungsvorgang unter Darstellung der entscheidungserheblichen Gesichtspunkte einen Vorschlag für die zu treffenden rechtlichen Maßnahmen in den Formen der Rechtspraxis zu machen und verständlich und überzeugend begründet vorzutragen.[8]

Und für das **Saarland** gilt (§ 29 II 4 JAG):

Der Aktenvortrag soll der Rechtsreferendarin/dem Rechtsreferendar Gelegenheit geben, in freier Rede den Inhalt von Akten verständlich darzulegen, ihn korrekt unter die gesetzlichen Tatbestände zu subsumieren und eine wohl durchdachte und gerechte Entscheidung zu fällen.

Diese Vorgaben sind überregional verallgemeinerungsfähig und sollten deshalb allen Kandidaten bewusst sein. Überall haben die Landesbehörden zusätzliche **Hinweise oder Weisungen** herausgegeben, die im Internet über die Seiten der Justizprüfungsämter abgerufen werden können. In Hessen, Niedersachen und Sachsen-Anhalt gibt es spezifische Hinweise für den strafrechtlichen Aktenvortrag. Hierüber muss sich der Prüfling rechtzeitig informieren.

Der rechnerische Anteil des Aktenvortrags an der Examensgesamtnote ist davon abhängig, wie viele Aufsichtsarbeiten (Klausuren) zu schreiben sind und aus wie vielen Teilen sich das mündliche Prüfungsgespräch zusammensetzt. Je nach Bundesland liegt dieser Anteil zwischen 6% und 16%.[9]

II. Psychologische Bedeutung

Die Bedeutung des Aktenvortrags geht aber über die prozentuale **5**
Gewichtung bei der Ermittlung der Gesamtnote hinaus und betrifft den Bereich der Psychologie.

Einerseits geht es um das Auftreten und den Eindruck, den der Kandidat vermittelt. Sie können durchaus den weiteren Prüfungsverlauf beeinflussen.[10] Denn bei aller gebotenen Objektivität sind Prüfer auch

---

6 *Riedel* JA 2001, 314 (317).

7 *Rosenberger/Solbach/Wahrendorf*, S. 1.

8 Ganz ähnlich lautet die Formulierung in § 50 II HessJAG.

9 Ausbildungsstatistik des Bundesamtes für Justiz (Stand: März 2010).

10 *Budde-Hermann/Schöneberg*, S. 1; *Menne* JuS 1999, 854; a.A. aber *Riedel* JA 2001, 314 (318).

nur Menschen und zeigen sich in vielen Fällen durchaus wohlwollend.[11] Hierdurch kann sich die faktische Gewichtung des Aktenvortrags erhöhen. Dieser Aspekt sollte aber nicht überbeansprucht werden. Denn eine deutlich von der Fokussierung auf die einzelne Prüfungsleistung abweichende Bewertungspraxis wäre nicht regelgerecht.[12]

6 Darüber hinaus vermag ein gelungener Aktenvortrag dem Referendar eine gewisse Sicherheit für die nachfolgenden Prüfungsgespräche zu vermitteln. Umgekehrt weiß ein erfahrener Prüfer, dass die Kandidaten unter Anspannung stehen und wird ihnen nach einem missglückten Vortrag zu etwas mehr Sicherheit verhelfen wollen.

Entsprechend sollte der Referendar, der nach seiner subjektiven Einschätzung weniger gut vorgetragen hat, den Kopf nicht in den Sand stecken und sich voll auf die anschließenden Prüfungsgespräche konzentrieren.[13]

---

[11] *Diercks-Harms* JA 2007, 285 (290).
[12] *Riedel* JA 2001, 314 (318).
[13] *Budde-Hermann/Schöneberg*, S. 1.

Kapitel 2. Vorbereitung auf den Aktenvortrag

A. Notwendigkeit der Vorbereitung

Aus der Bedeutung des Aktenvortrags für die mündliche Examensprüfung folgt, dass eine **planmäßige und intensive Vorbereitung** unumgänglich ist. Denn wie bei vielem gilt auch hier: Übung macht den Meister. Und viele der Fähigkeiten, die einen gelungenen Vortrag ausmachen, lassen sich trainieren. Je vertrauter eine Situation ist und je öfter sie sich wiederholt hat, desto selbstsicherer reagiert man darauf. Außerdem trägt es zur Selbstermutigung bei, wenn ein Vortrag häufiger gelingt. Wegen der vorgegebenen Struktur des Aktenvortrags, weiß der Referendar bei diesem Teil des Examens am ehesten, was auf ihn zukommt und womit er überzeugen kann. Kein anderer Teil der Prüfung ist daher einem so effektiven Training zugänglich.[14] Wer diese Möglichkeit nicht wahrnimmt, handelt mindestens leichtfertig. 7

Insbesondere ein frei gehaltener Vortrag verlangt ein hohes Maß an Routine.[15] Ferner lässt sich das Risiko minimieren, durch unbekannte Aufgabenstellungen überrascht zu werden.[16] Die Übung sollte daher nicht erst nach den Examensklausuren während der Wahlstation einsetzen.

Bei der zeitnahen Vorbereitung auf die mündliche Prüfung wird man das Schwergewicht nicht mehr auf den Aktenvortrag legen können.[17] Hier wollen das Wahlfach vertieft[18] und die Kernfächer aufgefrischt sein. Folglich muss die Vorbereitung **so früh wie möglich** während des Referendariats beginnen.

In einigen Bundesländern gehören Kurzvorträge zum Pflichtprogramm der Stations-Arbeitsgemeinschaften oder der Einzelausbildung, so dass sich hier die ersten Erfahrungen sammeln lassen. Manche AG-Leiter arbeiten mit Videotechnik und ermöglichen es den Referenda-

---

14 *Proppe* JA 1995, 409 (410).

15 *Möllers* JA 2006, 156 (158).

16 *v. Hartz/Streiter* JuS 2001, 790 (792); *Rosenberger/Solbach/Wahrendorf*, S. 9 f.

17 So aber *Menne* JuS 1999, 854; *Schleif* JA 2007, 716; wie hier *Pagenkopf/Pagenkopf/Rosenthal*, S. 15.

18 In Berlin/Brandenburg, Hessen, Niedersachsen, Nordrhein-Westfalen und dem Saarland gibt es kein eigenes *Prüfungsgespräch* zum Wahl-(Schwerpunkt-)fach.

ren, sich quasi selbst zu beobachten sowie sich ihrer möglichen Stärken und Schwächen bewusst zu werden.

B. Art und Umfang der Vorbereitung

8 Gelegenheiten zur Übung bieten sich vor allem in Beratungen bei Gericht bzw. Staatsanwaltschaft. Wenn es nicht ohnehin gefordert wird, kann man seinem Ausbilder anbieten, anhand einer Originalakte vorzutragen. Derlei Möglichkeiten sind aber nicht ausreichend. Es ist daher dringend zu empfehlen, innerhalb einer **privaten Arbeitsgruppe** aus drei oder vier Teilnehmern regelmäßig Aktenvorträge einzuüben.[19]

Dies kann bspw. dergestalt geschehen, dass abwechselnd ein Referendar ein Aktenstück kopiert, zur Verfügung stellt und ein oder mehrere Kollegen den Vortrag **unter realistischen Bedingungen** (Zeitlimit, Hilfsmittel) halten. Sodann sollten eine kritische Besprechung und eine ausreichend lang bemessene Nachbearbeitung in der Gruppe erfolgen.[20]

Nur auf diese Weise lernt der Einzelne, Fehler und Fehlerquellen zu erkennen, ein Zeitgefühl zu entwickeln und seinen Stil zu vervollkommnen. Vor allem werden die Kunst der freien Rede und das Behalten des „roten Fadens“ trainiert. Am sinnvollsten konzentriert sich einer der Zuhörer auf rhetorische Elemente (Körperhaltung, Sprache, Wortwahl, Blickrichtung etc.), während die anderen – vor allem derjenige, der die Aufgabe gestellt hat – den rechtlichen Inhalt (Struktur, Verständlichkeit, überzeugende Argumente) im Auge behalten.[21]

Die Übungsgruppe wird sich während des Referendariats einmal wöchentlich treffen müssen, in der Endphase der Vorbereitung auf die mündliche Prüfung sogar zweimal.

Auf körperliche und rhetorische Elemente sowie auf Verständlichkeit vermag im Übrigen auch ein Nicht-Jurist als Zuhörer zu achten, zumal er fachlich weniger „vernebelt“ ist.

Es liegt in der Natur der Sache, dass dem Vortragenden selbst oft nicht bewusst ist, wie die Lautstärke, das Tempo und die Aussprache seiner Darbietung auf Zuschauer wirken. Auch hierüber sollten ihm die Mitstreiter eine ehrliche Rückmeldung geben. Ebenso unabdingbar ist es, auf die Einhaltung der Formalien zu achten. Mit der Zeit gehen bestimmte Formulierungen und Prüfungsschritte in Fleisch und Blut über und es sinkt die Gefahr, dass sie unter Anspannung einmal vergessen werden.

---

[19] *Elzer/Lemmel/Schiller/Weschke/Westphal/Zivier*, S. 213, mit Anregungen zur Organisation der Arbeitsgruppe.

[20] *Menne* JuS 1999, 854 (855).

[21] *v. Hartz/Streiter* JuS 2001, 790 (792).

Für derartige Übungsgruppen findet sich in Ausbildungszeitschriften und -büchern ein Fundus an geeignetem **Fallmaterial** mit didaktischen Hinweisen. Es sollte darauf geachtet werden, dass sie der jeweils gültigen Rechtslage entsprechen. Das nordrhein-westfälische Prüfungsamt hält auf seinen Internetseiten eine Reihe von Originalfällen zum Herunterladen bereit.[22] Sie sind auch für Kandidaten aus anderen Bundesländern geeignet. 9

In diesem Buch werden dem Leser **sechs Fallbeispiele** mit ergänzenden Hinweisen geboten.[23] Stets gilt dabei, dass die Lösungsvorschläge einen Anhaltspunkt bieten, der keinen Anspruch auf Ausschließlichkeit erhebt und gelegentlich sicher auch zur Diskussion innerhalb der Arbeitsgruppe anregt. Es wird empfohlen, dass jeder Kandidat die in seinem Bundesland gültige Dauer der Vorbereitungszeit zugrunde legt.

Besonders engagierte Referendare versuchen vielleicht einmal, aus einem bearbeiteten Originalfall einen Aktenvortrag zu entwickeln und anderen Teilnehmern zur Lösung anzubieten.

Zur Anzahl der Übungsvorträge, die ein Examenskandidat vor der Prüfung gehalten haben sollte, mag es unterschiedliche Meinungen geben. Dies ist auch davon abhängig, ob das Rechtsgebiet frei gewählt werden kann oder kurz vor dem Termin mit der Ladung verbindlich festgelegt wird. In letzterem Fall muss man sein Training notwendigerweise breiter anlegen. Dann sollten es gewiss nicht weniger als **30 Übungsfälle** sein.[24]

---

[22] https://www.justiz.nrw.de/Karriere/landesjustizpruefungsamt/juristischer_vorbereitungsdienst/kurzvortraege/strafrecht/index.php

[23] Vgl. Kapitel 10.

[24] Ähnlich *Schleif* JA 2007, 716; *v. Hartz/Streiter* JuS 2001, 790 (791), empfehlen 25 Übungsvorträge.

Kapitel 3. Äußere Vortragsweise und typische Hindernisse

10 Es bedeutet Schwierigkeit und Chance zugleich, dass der Kandidat durch den Vortrag nicht geleitet wird, ihm die Prüfer vielmehr über die gesamte Dauer schweigend zuhören. Dies birgt die Gefahr in sich, auf einen nicht vertretbaren – also falschen – Weg zu geraten, ohne gebremst zu werden. Zugleich eröffnet sich jedoch die Herausforderung, das Prüfungskollegium unbeeinflusst von Dritten durch eine sichere und individuelle Vortragsweise zu überzeugen.

Die juristischen Probleme des Falles bilden nur eine Komponente des mündlichen Examens. Entscheidungsfreude, Überzeugungskraft und die Fähigkeit zum freien Vortrag stehen **gleichberechtigt** daneben.[25] Denn die Beherrschung der sprachlichen Wiedergabe ist für einen Juristen ebenso wichtig wie seine Fachkenntnisse.[26]

Bedenkt man, dass die Prüfer innerhalb von ein bis zwei Stunden denselben Aktenfall mehrmals – vielleicht bis zu fünfmal – zu hören bekommen, leuchtet ein, welchen Stellenwert eine überzeugende Vortragsweise hat.

A. Manuskript

11 Ein sicheres Auftreten des Kandidaten zeigt sich nicht zuletzt am Umfang seines Manuskripts – je knapper desto eindrucksvoller. Ganz ohne schriftliche Ausarbeitung vortragen zu wollen, dürfte hingegen ein zu riskantes Unterfangen darstellen. Der Vorteil des Manuskripts besteht darin, dass der Vortragende, sollte er einmal den „roten Faden" verlieren, sich schnell wieder zurechtfinden kann. Der gelegentliche Blick zum Manuskript gibt Sicherheit. Stichworte sind also nicht nur erlaubt, sondern als Orientierungshilfe überaus sinnvoll.[27] Der Nachteil liegt darin, dass gerade eine zu umfangreiche Fassung dazu verleitet, häufig zum Blatt zu schauen oder gar abzulesen. Und das Ablesen

---

[25] Für ein Übergewicht des Vortragsinhalts *v. Hartz/Streiter* JuS 2001, 790 (793).
[26] *Pagenkopf/Pagenkopf/Rosenthal*, S. 14.
[27] *Büdenbender/Bachert/Humbert* JuS 2002, 24 (25).

wiederum vermittelt den Eindruck, man gebe in der Art eines Sprechers fremde Informationen weiter.[28]

I. Umfang

Bei den auf 10 Minuten Dauer angelegten Aktenvorträgen erscheint ein Konzeptpapier von **einer DIN-A4-Seite** ideal. Sie kann auf beiden Seiten beschriftet sein. Auf der Vorderseite würden sich dabei die Stichpunkte für den Sachbericht und den Entscheidungsvorschlag befinden, auf der Rückseite die skizzierte rechtliche Würdigung nebst Abschlussvorschlag. 12

Mit drei bis sechs Blättern handschriftlicher Aufzeichnungen in die Prüfung zu gehen, erscheint als deutlich zu viel.[29] Der Umfang einer DIN-A4-Seite mag manchem als gering erscheinen. Aber ein knappes Manuskript vermittelt Souveränität, beugt häufigem Ablesen vor und verhindert hastiges Umherblättern in seitenlangen Aufzeichnungen.

Zusammen mit dem Aktenauszug, der seinerseits Hervorhebungen und Anmerkungen enthalten sollte, bildet das Manuskript die schriftlich fixierte Grundlage des Vortrags. Dieser verliert dadurch auch nicht seinen Charakter einer mündlichen Prüfungsleistung.

II. Gestaltung

Das Manuskript hat sich auf **Stichpunkte** zu beschränken.[30] Ganze Sätze niederzuschreiben, kostet zu viel Zeit und erweckt in der Prüfung den Eindruck, man lese ab. Und ein solches Ablesen ist nicht gestattet. Typische Floskeln und treffsichere Formulierungsmuster, die man während der Examensvorbereitung verinnerlicht hat, sind ganz wegzulassen oder allenfalls anzudeuten. Es schadet auch nicht, sich für bestimmte Begriffe Abkürzungen anzueignen. Die Namen, Adressen etc. der beteiligten Behörden und betroffenen Personen ergeben sich zwanglos aus dem Aktenauszug und müssen daher nicht in das Manuskript aufgenommen werden. Schon gar nicht sind sie auswendig zu lernen. Denn es erwartet niemand, dass der komplette Akteninhalt während der kurzen Vorbereitungszeit vollständig in das Gedächtnis aufgenommen wurde. Einzig der abschließende detaillierte Entschei- 13

[28] *Theesfeld*, S. 10.

[29] So aber der Vorschlag bei *v. Hartz/Streiter* JuS 2001, 790 (793).

[30] Weisungen für den Kurzvortrag des Gemeinsamen Prüfungsamtes Bremen/Hamburg/Schleswig-Holstein.

chlag sollte aus Gründen der Sicherheit vollständig niederge- und später verlesen werden.[31]

end der Ausarbeitung des Manuskripts entsteht mitunter der bestimmte Dinge sprachlich besonders zu akzentuieren. Oder man möchte der Gefahr begegnen, einen einzelnen Punkt im „Eifer des Gefechts" zu vergessen. Hier sind **Hervorhebungen** durch farbige Stifte, deutliche Unterstreichungen o.ä. ratsam. Deren Wirkung geht allerdings verloren, wenn sie zu umfangreich eingesetzt werden.

15 Außerdem ist auf eine **lesbare Handschrift** zu achten. Auf diese Weise lässt sich die Gefahr, durch nicht mehr identifizierbare Notizen aus dem Tritt zu geraten, umgehen. Es hat auch wenig Sinn, den begrenzten Platz durch eine besonders kleine und enge Schrift ausschöpfen zu wollen. Dann „verschwimmen" beim Blickwechsel zwischen Prüfer und Manuskript sehr schnell die Zeilen und man verliert die Orientierung. Ein ausreichender Zeilenabstand erlaubt es hingegen, Dinge einzufügen, die dem Kandidaten später noch in den Kopf kommen.

Wie das Konzeptpapier im Einzelnen gestaltet wird, muss ein jeder für seinen Bedarf entwickeln. Als stichpunktartige Einleitung denkbar ist folgendes **Beispiel:**

ErmV StA Erfurt, August 2020 *AbschlV*	*„Ich berichte Ihnen von einem Ermittlungsverfahren der Staatsanwaltschaft Erfurt, über dessen Abschluss im August 2020 zu entscheiden war.*
Besch.: ...	*Beschuldigte(r) ist ...*
SV:	*Dem Verfahren liegt folgender Sachverhalt zu Grunde ..."*

B. Freie Rede und Wortwahl

Das Erfordernis der „freien Rede" trägt zwei Bestandteile in sich (nachfolgend I. und II.):

---

[31] *Knappmann* JA 1983, 643 (646). *Budde-Hermann/Schöneberg*, S. 8 und *v. Hartz/Streiter* JuS 2001, 790 (792) empfehlen dies auch für Einleitungs- und Übergangssätze.

I. Gedankliche Vorplanung

„Frei“ heißt nicht planlose Improvisation. Vielmehr muss der Vortrag gedanklich vorstrukturiert sein. Denn der Zuhörer erwartet ein **denkendes Sprechen**, kein rezitierendes Reden.[32] Diese Gedanken werden aber nicht abgelesen, sondern durch gelegentlichen Blick zum Manuskript referiert. Im Übrigen gilt der Blick dem Publikum. Das ist wichtiger als die Formulierung grammatikalisch ausgefeilter Wortgefüge.[33] Man darf sich auch nicht der Hoffnung hingeben, die Prüfer würden selbst dauerhaft so viel mitschreiben, dass ihnen das Verhalten des Vortragenden gar nicht auffällt.[34] **16**

II. Blickkontakt

Von einer „Rede“ kann nur gesprochen werden, wenn der Kandidat die Zuschauer unmittelbar anspricht. Er sollte dabei nicht einen leblosen Punkt im Raum fixieren, nur um dem Erfordernis zu genügen, vom Blatt aufzuschauen. Deutlich selbstbewusster und (im notwendigen Maße) lebhafter wirkt es, abwechselnd allen Prüfern kurz in das Gesicht zu sehen. So wird allen – auch den „fachfremden“ – Mitgliedern des Gremiums das Gefühl vermittelt, der Vortrag wende sich an sie. Denn die Bewertung des Prüflings erfolgt schließlich nicht allein durch den Spezialisten des jeweiligen Rechtsgebietes. Der Blick darf allerdings nicht fragend oder hilfesuchend wirken, das ginge zu Lasten der Überzeugungskraft.[35] **17**

Am sichersten wirkt ein nicht zu hektischer regelmäßiger Blickwechsel zwischen Manuskript bzw. Aktenauszug und einem der Prüfer. Dies setzt voraus, dass der jeweils nachfolgende Satz im Großen und Ganzen gedanklich präsent ist, damit er mit Sicht zum Prüfer ausgesprochen werden kann. Anderenfalls würde das Abwenden vom Manuskript den Vortrag zum stocken bringen. Hier zeigt sich, wie wichtig es ist, den Fall zum Ende der Bearbeitungszeit mindestens einmal gedanklich vorzutragen.

Der Blick zum Zuschauer muss **Automatismus** bleiben, möglichst ohne die Mimik des Prüfers bewusst wahrzunehmen. Es wäre ein Quell der Verunsicherung, sich vom Gesichtsausdruck eines Prüfers beeindrucken zu lassen. Mancher mag dem Vortrag regungslos folgen, bei einzelnen Sätzen die Stirn runzeln, die Augenbrauen verziehen oder gar

---

[32] *Möllers* JA 2006, 156 (157).
[33] *Möllers* JA 2006, 156 (157).
[34] In diese Richtung aber *v. Hartz/Streiter* JuS 2001, 790 (793).
[35] *Diercks-Harms* JA 2007, 285 (290).

gelangweilt erscheinen. Andere Prüfer nicken häufig, was nicht zwingend ein Zeichen der Zustimmung sein muss. Den Prüfungskandidaten hat dies zu keinen Konsequenzen zu veranlassen. Er folgt seinem Konzept und zeigt dadurch Sicherheit. Kurzerhand die Lösung, für die man sich zuvor entschieden hatte, zu verwerfen, kann eigentlich nie gut gehen.

III. Wortwahl und Satzbau

18 Einen praxistauglichen Juristen zeichnet aus, dass er über gute sprachliche Ausdrucksmittel verfügt und präzise mit Worten umgehen kann.[36] In sprachlicher Hinsicht ist daher ein **klarer, schnörkelloser Stil** angezeigt, der es dem Zuhörer ermöglicht, den Lösungsvorschlag nachvollziehen und überprüfen zu können.

Nicht nur die Gerichtssprache (§ 184 GVG), auch die Examenssprache ist deutsch. Daher sind unnötige Fremdwörter ebenso zu vermeiden wie modische Anglizismen oder eine blumige Bildsprache. Andererseits dürfen die Worte nicht zu flapsig ausfallen. Denn ein Vortrag ist kein Alltagsgespräch.[37] Auch wer einen starken Dialekt spricht, sollte sich dem Hochdeutsch annähern.

19 Gewarnt sei vor komplizierten Formulierungen und längeren, verschachtelten Satzkonstruktionen.[38] In aller Regel kann der gleiche Gedankengang durch mehrere **Hauptsätze** prägnanter zum Ausdruck gebracht werden. Zu komplexe Formulierungen wecken den Verdacht, man habe sie auswendig gelernt. Überdies steigt bei freier Rede die Gefahr, sich zu „verheddern", mit der Länge des Satzes.[39]

Zu vermeiden ist eine unpräzise oder „schwammige" Wortwahl, wo es argumentativ Stellung zu beziehen gilt. Der Vortragende sollte sich stattdessen stets um einen eindeutigen Gedankengang und stringente Ausführungen bemühen.[40]

Ab und an kann ein persönlich gefasster Satz eingeflochten werden, um unmerklich die Verbindung zwischen dem Prüfling und den Zuhörern herzustellen:[41]

Beispiel: *„Ich wende mich nun möglichen Rechtfertigungsgründen zu."*

---

[36] *Rosenberger/Solbach/Wahrendorf*, S. 7.
[37] *Büdenbender/Bachert/Humbert* JuS 2002, 24 (26).
[38] *Knappmann* JA 1983, 643.
[39] *Büdenbender/Bachert/Humbert* JuS 2002, 24 (26).
[40] *Möllers* JA 2006, 156 (157).
[41] *Balzer/Forsen*, S. 154.

C. Sprechweise und Körpersprache

Nonverbale Signale sind ein entscheidendes Element der Rhetorik. Hierzu gehört vor allem die Körpersprache, also Gestik, Mimik und Stimme. 20

I. Tempo und Stimme

Auch geübte Zuhörer sind nur begrenzt aufnahmefähig und können sich nur eine bestimmte Anzahl von Informationen merken. Ein zu schnelles Sprechen lässt immer die Verständlichkeit leiden und mindert daher die Qualität des Vortrags.[42] Spricht der Kandidat hingegen zu langsam, so wirkt sein Stil lethargisch und unsicher. Zudem wird man nicht alle Probleme innerhalb der vorgegebenen Zeit adäquat behandeln können. 21

Ferner sollte der Prüfling auf eine klare, ausreichend laute aber nicht zu durchdringende Stimmlage Wert legen. Eine **deutliche und feste Stimme** ist ein Zeichen von Souveränität, während ein verwaschenes oder leises Sprechen zögerlich erscheint.

Zu achten ist auch auf **Akzentuierungen** durch Hebung oder Senkung der Stimme. Denn es belastet den Prüfer durchaus, über zehn Minuten hinweg aufmerksam einer gleich bleibenden Stimmlage folgen zu müssen. Zudem suggeriert eine monotone Stimme, man sei selbst nicht an der Sache interessiert. Erst durch leichte Wechsel in der Sprechweise gewinnt der Vortrag Leben und Farbe und wird für den Zuhörer attraktiv. Dazu gehört auch der gezielte Einsatz von kurzen – etwa drei Sekunden langen – **Kunstpausen**. Hierdurch können Übergänge angekündigt oder wichtige Passagen hervorgehoben werden. 22

II. Gestik

Sehr **sparsam** sollte mit der Gestik gearbeitet werden. Ein Aktenvortrag ist keine Politikerrede. Bei ruhiger Körperhaltung wird man allenfalls leichte unterstützende Handbewegungen vollziehen können, insbesondere bei rechtlich kritischen Passagen. Allzu dramatische Gebärden ließen die Seriosität doch entscheidend leiden und signalisieren Effekthascherei oder zur Schau gestellte Selbstsicherheit. 23

Zu vermeiden ist allerdings ein Verschränken der Arme. Denn dies deutet auf Distanz zum Publikum.[43] Das Manuskript hat flach vor dem Vortragenden zu liegen und wird besser nicht aufgestellt in den Hän-

---

[42] *Knappmann* JA 1983, 643 (644).

[43] *Möllers* JA 2006, 156 (159).

den gehalten. Im Übrigen ist auf eine **aufrechte Sitzposition** zu achten. Weder sollte man zu lässig an der Rückenseite des Stuhles lehnen, noch sich aufdringlich über den Beratungstisch beugen.[44] Auch unruhiges Hin- und Herrutschen ist fehl am Platz.

III. Füllworte vermeiden

24 Nicht einfach ist es, häufiges Räuspern oder sinnfreie Füllworte („... ääh ...") zu unterdrücken. Sie sind Zeichen der Angespanntheit und treten meist unbewusst hervor. Vielfach erkennt man dies erst dann selbst, wenn einmal ein Vortrag mittels Video oder Tonaufnahmegerät aufgezeichnet und analysiert wird.

Wie bei nahezu allen Punkten ist eine stilistische Verfeinerung auch hier **nur durch ständige Übung** zu erreichen. Dabei kann es hilfreich sein, in der Übungsgruppe einmal mitzuzählen, wie oft der einzelne solche Füllworte gebraucht. Für manchen wird das Ergebnis vielleicht erschreckend sein.

D. Hilfsmitteleinsatz

25 Der Vortrag ist grundsätzlich nur unter Zuhilfenahme des Aktenstücks und des Manuskripts zu halten. Während der Vorbereitung stehen Gesetzestexte und Kommentare als Quellen zur Verfügung. Demgegenüber muss die freie Rede **ohne ein suchendes Blättern** in diesen Hilfsmitteln auskommen. Es schadet sicher nicht, vor Beginn des Vortrags am Platz auch den Gesetzestext zurechtzulegen. Dies gilt jedenfalls, sofern ein anschließendes Vertiefungsgespräch in Betracht kommt. Auch kann die entsprechende Norm aufgeschlagen und ins Blickfeld gerückt werden, wenn sie nicht als selbstverständlich bekannt ist und mehrfach zitiert werden soll.

Allerdings müssen sich die für den Vortrag aus Gesetz und Kommentar gewonnenen Erkenntnisse im Manuskript wiederfinden und gedanklich verinnerlicht sein. Es widerspräche dem Erfordernis, vor Publikum eine eigene Lösung zu präsentieren, wollte sich der Vortragende für seine Argumentation des Lesens aus dem Kommentar bedienen. Ganz falsch wären etwa die Worte „Ich zitiere hierzu wie folgt aus dem *Meyer-Goßner/Schmitt* ...".

26 Die Arbeit mit dem Aktenstück kann hingegen durchaus dazu führen, aus diesem wörtlich zu **zitieren**, wenn es auf genauen Wortlaut ankommt. Dies gilt vor allem für Passagen aus Vernehmungsprotokol-

---

[44] *Patett*, S. 74 f.

len und anderen Urkunden. Ferner können sich in der Akte Pläne und Skizzen befinden, deren Inhalt wichtig ist. Diese sollten, wenn sie erwähnt werden, dem Prüfungskollegium kurz gezeigt werden. Dabei können durchaus auch kurze Erläuterungen erfolgen, bspw. zum Ablauf eines Verkehrsunfalls:

Beispiel: *„Hierzu befindet sich bei der Akte diese von der Polizei gefertigte Skizze, in der die Örtlichkeit und der Fahrweg des Beschuldigten wiedergegeben ist."*

Diese Handhabung nimmt dem Vortrag gewiss nicht den Charakter der Mündlichkeit. Sie unterstützt diese vielmehr. Darüber hinaus wird man berufspraktischen Gegebenheiten gerecht. Auch der Sachbearbeiter, der bei der Staatsanwaltschaft oder in einer Anwaltskanzlei anderen Kollegen einen Fall erläutert, bedient sich der Veranschaulichung.

E. Zeitrahmen und Zeitgefühl

Von essentieller Bedeutung ist die Einhaltung des vorgeschriebenen **27**
Zeitlimits. Dabei darf der Prüfling voraussetzen, dass man mit dieser Zeit auch auskommen kann. Die Vortagsakten sind entsprechend ausgesucht.

Bestenfalls lassen die Prüfer den Kandidaten bei geringen Überschreitungen gewähren, bewerten dies aber mit Punktabzug. Zumindest bei deutlichem Ausufern wird immer ein Abbruch durch den Prüfungsleiter erfolgen. In einigen Bundesländern ist dies ausdrücklich vorgeschrieben.[45] Mancher Prüfungsvorsitzende soll zu diesem Zweck gar eine Stoppuhr verwenden. Eine solche Situation gilt es daher unbedingt zu vermeiden. Sie vermag auch einen juristisch brillanten Vortrag erheblich zu entwerten. Denn der Aktenvortrag erfordert Praxisbezug und dieser ist nur erreicht, wenn die Bearbeitung zu Ende geführt wird.[46]

Im Idealfall wird das vorgegebene Zeitlimit **knapp unterschritten**. Das ist freilich leichter gesagt als getan, zumal nicht jeder Fall den gleichen Umfang aufweist. Der Weg zum Ziel führt auch hier nur über fortwährende Übung. Beim Training in der privaten Arbeitsgruppe sollten sowohl der Vortragende als auch die Zuhörer den Zeitrahmen beachten. Sodann ist zu analysieren, ob deutliche Abweichungen – nach unten oder oben – im Sprachtempo oder in der inhaltlichen Tiefe begründet liegen.

---

[45] Weisungen für den Aktenvortrag des nordrhein-westfälischen Justizministeriums. In anderen Bundesländern handelt es sich um „kann"-Bestimmungen.

[46] *Diercks-Harms* JA 2007, 285 (286).

Das **persönliche Gefühl** für die verstrichene Zeit lässt sich aber auch allein **verfeinern**. So kann der Einzelne die Lösung eines Übungsvortrags durchaus mehrfach für sich selbst referieren, mal mit der Uhr im Blickfeld, mal mit einer nachträglichen Zeitkontrolle.

28 Während der Prüfung selbst empfiehlt es sich, die mitgeführte **Armbanduhr** abzulegen und in Sichtweite zu positionieren.[47] Das ist legitim. Denn der Ablauf von zehn Minuten wird nicht amtlich angezeigt und die im Prüfungsraum angebrachte Uhr befindet sich nicht immer im Blickfeld des Kandidaten. Andere Referendare bevorzugen eine kleine digitale Stoppuhr o.ä. – natürlich ohne akustische Signale. Man kann und soll diese Uhr während des Vortrags nicht laufend fixieren, das würde ablenken. Jedoch lässt ein gelegentlicher Blick erkennen, ob bspw. der Sachbericht zu lang gedauert hat und ob Zeit besteht, ein bestimmtes Problem ausführlicher zu erörtern. In Niedersachsen soll der Prüfungsleiter dem Kandidaten eine Minute vor Ablauf der Vortragszeit ein „entsprechendes Zeichen" geben, sofern nicht eine Beendigung abzusehen ist.[48]

Natürlich kann sich dabei eine Situation einstellen, in der man erkennt, dass die Zeit knapp wird. Hier sollte man den Prüfern zu verstehen geben, dass man den Zeitfaktor erkannt hat und geneigt ist zum Ende zu kommen. Der verständnisvolle Zuhörer wird dann eher gehemmt sein, den Vortrag radikal abzubrechen:

Beispiel: *„Da sich meine Vortragszeit dem Ende neigt, sei abschließend noch kurz erwähnt ...."*

Der auf diese Weise angerissene Komplex lässt sich ggf. im anschließenden Gespräch noch vertiefen.

F. Nervosität

29 Kein Kandidat ist so abgeklärt und gelassen, dass sich nicht vor und während der Prüfung eine gewisse Aufregung breit macht. Immerhin ist das Ergebnis der Prüfung entscheidend für den weiteren Lebensweg. Daher zunächst eine beruhigende statistische Information: Bei den zur mündlichen Prüfung zugelassenen Referendaren tendiert die Durchfallquote gegen Null. Dennoch belastet Aufregung den Aktenvortrag scheinbar in besonderem Maße, weil der Prüfling weiß, dass sich hier

---

[47] *Pagenkopf/Pagenkopf/Rosenthal*, S. 19; *Schleif* JA 2007, 716 (717).

[48] Merkblatt des niedersächsischen Landesjustizprüfungsamtes für den anwaltlichen Vortrag in der mündlichen Prüfung.

für einen längeren Zeitraum alle Augen auf ihn richten und er während dieser Zeit allein agieren muss.[49]

Prüfungsstress und Examensangst gehören zum Risikobereich des Kandidaten und führen in rechtlicher Hinsicht nicht zur Prüfungsunfähigkeit. Sie berechtigen insbesondere nicht zum Rücktritt von der Prüfung.[50]

I. Symptome

Als typische Symptome der Prüfungsangst gelten insbesondere Er- 30
röten, Schwitzen, Übelkeit, Appetitlosigkeit, Kreislaufbeschwerden, allgemeine Unruhe, Schlafstörungen sowie Veränderungen der Stimmungslage und des Sozialverhaltens.[51] Erfahrungsgemäß treten sie nicht bei allen Menschen in gleichem Maße und zudem in unterschiedlichen Kombinationen auf.

Nervosität ist zunächst einmal eine **natürliche körperliche Reaktion**, die die kognitive Leistungsfähigkeit nicht ohne weiteres erheblich beeinträchtigt. Nahezu jeder Mensch, der nicht gewohnt ist, vor einer größeren Anzahl von Menschen zu reden, leidet an Lampenfieber.[52]

Es sollte also gar nicht das Ziel sein, die eigene Nervosität zu unterdrücken. Denn eine angemessene Prüfungsangst setzt durchaus Kräfte frei und hält das Bewusstsein von der Bedeutung der Prüfung wach.[53] Auch sind bspw. einzelne Versprecher, die aus Nervosität unterlaufen, nicht ungewöhnlich und treffen auf das Verständnis der Prüfer.[54]

Kritisch wird es erst, wenn sich Panik einstellt; wenn man Gefahr läuft, vor lauter Aufregung elementare Dinge zu übersehen. Dem sollen die nachfolgenden Ratschläge vorbeugen.

II. Vorbereitende Maßnahmen

Am wichtigsten ist es, sich über den Ablauf der mündlichen Prüfung 31
umfassend zu informieren. Prüfungsangst entsteht vielfach aus Unwissenheit über das Procedere. Als Informationsquellen dienen die offiziellen Verlautbarungen der Prüfungsämter, aber auch Gespräche mit erfolgreichen Absolventen. Gerade letztere können die Erfahrungen ihrer eigenen Vorbereitung weitergeben. Eine moderne Form der Weitergabe sind juristische Diskussionsforen im Internet.

---

[49] *Proppe* JA 1995, 409 (410).

[50] BVerwG DÖV 1980, 140; BVerwG DÖV 1963, 475; OVG Münster NVwZ-RR 2004, 497.

[51] *Metzig/Schuster*, S. 11 f.

[52] *Leist* JuS 2003, 441; *Möllers* JA 2006, 156 (157).

[53] *Metzig/Schuster*, S. 39.

[54] *v. Hartz/Streiter* JuS 2001, 790 (793).

32 Ein weiteres probates Mittel ist eine **mentale Vorbereitung** in der Weise, dass man die erwartete Prüfungssituation etliche Male vor seinem geistigen Auge durchspielt – und zwar von Anfang bis Ende (Imagination). Hierfür ist es sehr hilfreich, sich mit den tatsächlichen Gegebenheiten vertraut zu machen und einmal eine mündliche Prüfung als Zuschauer zu besuchen. Dadurch werden im Übrigen auch die Rollen der beteiligten Personen klarer, die Prüfungsatmosphäre wird deutlicher. Ferner lässt sich in den Tagen vor dem eigenen Termin durchdenken, wie man die Prüfungskommission begrüßen oder wie man seinen Vortrag beginnen möchte. Auch können neue Verhaltensweisen geistig nachgestellt und eingeübt werden. Denn im Gedächtnis verankertes Verhalten ist in der Realsituation leichter verfügbar.[55]

33 Wichtig und selbstverständlich ist es, den Prüfungstag **ausgeruht** zu beginnen. Erfahrungsgemäß neigen viele Kandidaten dazu, sich bis zum letzten Tag – oder gar der Nacht – vor der Prüfung intensiv vorbereiten zu wollen. Dies kann zusätzlichen Stress, Unausgeglichenheit und Schlafmangel verursachen. Man sollte daher in den Tagen vor der Prüfung auf **Abwechslung**, bspw. durch Sport, Spaziergänge, Kinobesuch, Gespräche mit Nicht-Juristen u.ä. achten. Hilfreich sind auch **Entspannungsübungen**, wie leichte Gymnastik, Yoga oder progressive Muskelrelaxation (PMR).[56] Dagegen wird man zu „Horrorgeschichten" verbreitenden enttäuschten Mitprüflingen eine Weile Abstand halten müssen. Gleiches gilt für den Versuch, sich mit Alkohol zu „beruhigen".

Am Prüfungstag besteht im Anschluss an den Aktenvortrag und **beim Warten auf die weitere Prüfung** die Versuchung, den Inhalt des Vortrags mit anderen Kandidaten zu besprechen und auszuwerten. Hierbei besteht immer die Gefahr, dass vermeintliche eigene Fehler zu Tage treten und den Prüfling entmutigen. Von derartigen Gesprächen ist daher abzuraten.[57]

34 Eine weitere Übung kann durch **bewusstes Atmen** erfolgen. Durch Angst verspannt sich die Muskulatur, was ein Gefühl der Enge und des Unbehagens hervorruft. Bewusstes tiefes Atmen aus dem Bauch kann helfen, diese Verspannungen zu lösen.[58] Es unterstützt auch dabei, ein überschnelles Hyperventilieren zu vermeiden. Nicht umsonst empfehlen manche Prüfer gelegentlich „Jetzt atmen Sie erst einmal ruhig durch". Auch dies bedarf des Trainings, weil überdeutliche Atemübungen irritierend wirken könnten.

---

55 *Metzig/Schuster*, S. 109.

56 Eine Einführung findet man bspw. unter http://www.progressive-muskel relaxation.info.

57 Anders hingegen *Schleif* JA 2007, 716 (718).

58 *Leist* JuS 2003, 441.

Dringend abgeraten werden muss hingegen von der Einnahme von **Medikamenten**, die die seelische Stimmung dämpfen sollen. Im Zweifel beeinträchtigen sie auch die geistige Leistungsfähigkeit in negativem Maße oder lassen den Vortrag regelrecht dröge wirken. **35**

Nicht selten wird eine Reihe von **Zuschauern** im hinteren Teil des Prüfungssaales sitzen und – deutlich entspannter – der Prüfung lauschen. Ob und wie viel Publikum sich eingefunden hat, weiß der Prüfling vorher nicht. Es sollte ihm auch gleichgültig sein. Am besten ignoriert man die Zuschauer von Anfang an, also vor allem beim Eintreten in den Prüfungssaal. **36**

III. „Roter Faden"

Viele Prüfungskandidaten befürchten, innerhalb ihres Vortrags einmal den „roten Faden" zu verlieren und dann plötzlich nicht mehr weiter zu wissen. Sicherlich ist hiervor niemand zu 100% geschützt. Aber allein schon ein übersichtliches Manuskript und das gedankliche Vortragen zum Ende der Bearbeitungszeit mindern diese Gefahr um ein vielfaches. **37**

Wer doch einmal einen unvorhergesehenen „Ausfall" erleidet, der sollte nicht einfach schweigen, herumstottern, blättern oder hilflos fragend zum Prüfungskollegium schauen. Man kann nicht darauf vertrauen, dass einen der Prüfungsvorsitzende mit den Worten „Fangen Sie doch noch einmal bei ... an" aufmuntert. Vielmehr gilt es, den Prüfern zu zeigen, dass man bemüht ist, den „roten Faden" selbst wieder aufzunehmen:

Beispiel: *„Einen kleinen Moment bitte. Ich schaue einmal kurz, wo ich stehen geblieben war ...."*

Eventuell ist der Gedanke auch bereits nach eine kurzen Sprechpause wieder präsent. Dann kann der Vortrag ohne hektische Zwischen manöver fortgesetzt werden.

IV. Unwillkürliche Körperbewegungen

Innere Anspannung wird vielfach nach außen durch unwillkürliche Körperbewegungen abgeleitet. Das zeigt sich bspw. am „Herumspielen" mit einem Stift, einer Büroklammer und anderen Gegenständen oder am häufigen Berühren von Nase, Ohr, Stirn, Krawattenknoten u.ä. Verbreitet ist auch das „Herumtrommeln" mit den Fingern oder auffällige Lippengeräusche („Schmatzen"). **38**

Der Zuschauer nimmt dies – möglicherweise auch nur unbewusst – als Zeichen von Unsicherheit wahr. Solche Angewohnheiten können in der Arbeitsgruppe beim Üben erkannt und zumindest zum Teil abgestellt werden. Hier macht sich ein eventueller Videoeinsatz besonders effektiv bemerkbar.

Kapitel 4. Bearbeitung der Prüfungsaufgabe

Zunächst einmal gilt es, nach Aushändigung des Aktenstücks im Vorbereitungsraum **möglichst schnell zu konzentrierter Arbeit** überzugehen und sich von nichts und niemandem ablenken zu lassen.[59] Das ist nicht einfach, denn wegen der Staffelung des Prüfungstermins betreten und verlassen andere Prüflinge in Etappen von ca. 15 Minuten den Raum. Es herrscht also eine recht belebte Atmosphäre.[60] Notfalls kann man sich mit Ohrstöpseln o.ä. Ruhe verschaffen. Es sollte auch nicht nach befreundeten Kollegen Ausschau gehalten werden. Denn infolge der beschränkten Bearbeitungszeit ist jede Minute kostbar. 39

A. Aufgabenstellungen

Für einen Aktenvortrag im Strafrecht ist eine Vielzahl unterschiedlicher Aufgabenstellungen denkbar. In den folgenden Kapiteln wird schwerpunktmäßig auf die Aufgabenstellungen eingegangen, die in der Vergangenheit häufig Prüfungsgegenstand waren und mit denen Examenskandidaten auch in Zukunft in erster Linie rechnen müssen. 40

Die Aufgabe kann **in jedem Stadium des Strafverfahrens** angesiedelt sein. Sie kann das Ermittlungsverfahren, das Zwischenverfahren, das Hauptverfahren oder das Rechtsmittelverfahren betreffen. Aus diesen Bereichen lassen sich das Klageerzwingungsverfahren, das Strafbefehlsverfahren oder einzelne Zwangsmaßnahmen (z.B. Untersuchungshaft, Durchsuchung und Beschlagnahme) als besondere Fallkonstellationen nennen.

Der Referendar wird regelmäßig in die Rolle eines Verfahrensbeteiligten schlüpfen müssen. Üblich sind Aktenvorträge aus **staatsanwaltlicher**, **richterlicher** oder **anwaltlicher** Sicht. Spezielle Hinweise zu diesen einzelnen Vortragsvarianten finden sich in den Kapiteln 6 bis 8. Hinweise zu **revisionsrechtlichen** Vorträgen werden in Kapitel 9 gegeben. Der grundlegende Aufbau des Aktenvortrages ist in all diesen Varianten gleich. Lediglich inhaltlich können sich Unterschiede ergeben, da ein Verteidiger – zur einseitigen Interessenwahrnehmung seines Mandanten gegenüber den Strafverfolgungsbehörden und dem 41

---

[59] *Pagenkopf/Pagenkopf/Rosenthal*, S. 18.
[60] *Budde-Hermann/Schöneberg*, S. 2.

Gericht verpflichtet – anders argumentieren wird, als etwa ein Richter oder Staatsanwalt.

42 **Strafprozessuale Probleme** – z.B. Beweisverbote[61] – sind zwar regelmäßig Prüfungsthema, im Vordergrund steht aber auch im Assessorexamen das **materielle Strafrecht**. Die Wiederholung des materiellen Rechts ist daher ein wichtiger Teil der Prüfungsvorbereitung. Welche Straftatbestände im Examen besonders häufig eine Rolle spielen, lässt sich nicht verlässlich sagen. Zu den besonders „examensverdächtigen" Straftatbeständen[62] gehören aber jedenfalls **aus dem StGB** die Eigentumsdelikte (§§ 242 ff.); die Brandstiftungsdelikte (§§ 306 ff.)[63]; die Aussagedelikte (§§ 153 ff.); die Delikte gegen das Leben (§§ 212 ff.) und die Körperverletzungsdelikte (§§ 223 ff.) sowie § 323 c; außerdem § 113; § 142; die §§ 164, 145d, 258, häufig im Zusammenhang mit den Aussagedelikten; § 253 und § 240; § 315 b; §§ 324 ff.; §§ 239a, b (insbesondere im Zwei-Personen-Verhältnis). Probleme der organisierten Kriminalität sind hochaktuell. Man sollte mit allen Fragen, die sich um die „Bande" drehen, vertraut sein. Die Rechtsprechung der Obergerichte zur Bandenkriminalität (in erster Linie zum Bandendiebstahl) lohnt einen Blick.[64]

Für die Bearbeitung des Aktenstücks wird folgende **Reihenfolge** vorgeschlagen:

B. Erfassen der Aufgabe

43 Das Selbstverständliche und Wichtigste zuerst: Lesen Sie aufmerksam den **Bearbeitervermerk**.[65] Er will den Vortragenden bei seiner Arbeit unterstützen.[66] Damit wird vermieden, dass wichtige Dinge vergessen werden.

Gerade im Strafrecht ist es angesichts der vielen denkbaren unterschiedlichen Aufgabestellungen besonders wichtig, den Bearbeitervermerk gründlich zu studieren.

Der Bearbeitervermerk gibt einerseits darüber Aufschluss, welche konkrete Aufgabe vom Prüfling verlangt wird und macht andererseits deutlich, welche Teilaspekte unter Umständen von vornherein ausgeschlossen sind. Letzteres dennoch zu prüfen – möglicherweise auch noch fehlerhaft – wäre fatal. Ferner wird häufig erwähnt, dass die

[61] Vgl. hierzu auch Übungsfall 3.
[62] Vgl. *Vollmer/Heidrich/Neher*, S. 167.
[63] Vgl. hierzu auch Übungsfall 2.
[64] Vgl. hierzu *Dessecker* NStZ 2009, 184; *Rönnau* JuS 2013, 594.
[65] Merkblatt des Gemeinsamen Prüfungsamtes Berlin/Brandenburg.
[66] *Patett*, S. 54; *Pagenkopf/Pagenkopf/Rosenthal*, S. 29.

Einhaltung von Formalien unterstellt werden darf und dass eventuell für nötig befundene weitere Ermittlungen ergebnislos verlaufen sind.

Bei Abschlussentscheidungen der Staatsanwaltschaft wird in der Regel auf die Prüfung von Nebenstrafrecht und Ordnungswidrigkeiten verzichtet. Achtung: anders als bei der Klausur sind beim staatsanwaltlichen Aktenvortrag Entscheidungen nach §§ 153 ff. StPO typischerweise **nicht** ausgeschlossen.

Häufig räumt der Bearbeitervermerk auch die Möglichkeit ein, bei der Formulierung der endgültigen Entscheidung einzelne Bestandteile wegzulassen oder auch abzukürzen.[67]

Im Gegensatz zur Klausur ist beim Aktenvortrag wegen der be- **44**
grenzten Zeit ein **Hilfsgutachten** – etwa bei unzulässiger Revision – nur zu fertigen und vorzutragen, wenn es im Bearbeitervermerk gefordert wird. Anderenfalls können Fragen zur Begründetheit jedoch im anschließenden Vertiefungsgespräch behandelt werden, so dass man hierauf nicht völlig unvorbereitet sein sollte.[68]

Wichtig ist darüber hinaus, ob bei Anklageerhebung **Nebenanträge** **45**
(z.B. Bestellung eines Pflichtverteidigers, § 111a StPO, Fortdauer der Untersuchungshaft) verlangt werden. Ebenso ist es bei Nebenentscheidungen in gerichtlichen Aufgabenstellungen.

Schließlich kann der Bearbeitervermerk Auskunft über das strafrechtliche Vorleben des Beschuldigten geben.[69] Andernfalls ist er als nicht vorbestraft zu behandeln.

C. Erfassen des Sachverhaltes

Sodann muss der Sachverhalt vollständig erfasst und durchdacht **46**
werden.

Dieser Schritt ist grundlegend für eine gute Bearbeitung. An dieser Stelle geht es noch nicht um die rechtliche Würdigung. Entscheidend ist vorerst nur, dass man eine klare Vorstellung vom tatsächlichen Geschehen erhält. Erst wenn man den Sachverhalt plastisch vor Augen hat, sollte man zum nächsten Schritt, der rechtlichen Würdigung, übergehen.

Einige Kandidaten schenken der Sachverhaltserfassung zu wenig **47**
Aufmerksamkeit und Zeit – vielleicht, weil sie möglichst schnell zum rechtlichen Teil kommen wollen. Häufiges Ergebnis: wesentliche Aspekte werden übersehen und in der rechtlichen Würdigung falsch oder gar nicht berücksichtigt.

---

[67] *Müller-Christmann*, S. 16.

[68] *Theesfeld*, S. 20.

[69] Vgl. Übungsfall 1.

Andere Kandidaten wiederum wollen zwei Schritte auf einmal machen und geraten dabei ins Straucheln; sie versuchen parallel zur Sachverhaltserarbeitung gleich sämtliche rechtlichen Probleme zu durchdenken. Dies führt schnell dazu, dass man den Überblick verliert oder zu viel Zeit auf unwesentliche Fragen verwendet.

48 Man geht besser schrittweise vor und wendet sich der vertieften rechtlichen Betrachtung erst nach der vollständigen Sachverhaltserfassung zu.

Je besser allerdings ein Kandidat ist, desto eher und umso mehr wird er während des Sachverhaltsstudiums auch die rechtlichen Fragen bereits mitdenken (können).

Soweit man schon beim Sachverhaltsstudium erkennt, welche rechtlichen Fragen angesprochen sein könnten, sollte man sich eine kurze Notiz machen, um den Aspekt später nicht zu übersehen.

49 Die Sachverhaltserarbeitung erfordert ein **mehrmaliges** aufmerksames und unbefangenes Lesen des gesamten Aktenstückes. Das meint jedes Wort, jede Zahl, jeden Stempelaufdruck usw. Gleiches gilt für den „technischen Teil" der Akte, also etwa Vermerke und Protokolle. Nur so wird vermieden, dass tatsächliche oder rechtliche Klippen übersehen werden.

Dabei sollte man den Sachverhalt nicht nur einfach durchlesen. Das Geschehen muss vor dem inneren Auge lebendig werden. Hilfreich kann es z.B. sein, sich jeweils in die einzelnen Personen hineinzuversetzen. Kommt es auf zeitliche Abfolgen an oder zeigen sich komplizierte Mehrpersonenverhältnisse, ist es empfehlenswert, dies durch eine Skizze sichtbar zu machen.

50 Durch eine solche **aktive** Auseinandersetzung mit dem Sachverhalt erlangt man ein vertieftes Verständnis vom Geschehen, einzelne im Sachverhalt angelegte Fragestellungen treten deutlich hervor, die Interessen einzelner Beteiligter werden greifbar. Zudem prägt man sich so den Sachverhalt am Besten ein. Es ist bei den anschließenden rechtlichen Überlegungen – und später auch beim Vortrag sowie im Prüfungsgespräch – sehr nützlich, wenn man den Sachverhalt im Wesentlichen im Kopf hat.

51 Bereits beim ersten Lesen kann man sich auf einem gesonderten Blatt Notizen machen sowie **Unterstreichungen** und **Markierungen** im Sachverhalt vornehmen.[70] Dabei gilt der Grundsatz: Markierungen (zunächst) nur **sparsam** einsetzen!

In der Regel wird erst im Anschluss an eine gründliche Sachverhaltslektüre eine erste Vorstellung über den Kern der Aufgabe und die mögliche Lösung existieren. Vor diesem Hintergrund ist dann das Aktenstück nochmals sorgfältig zu lesen und ggf. mit weiteren Markie-

---

[70] *Elzer/Lemmel/Schiller/Weschke/Westphal/Zivier*, S. 215.

rungen zu versehen. Im Übrigen ist ein nochmaliger Abgleich mit dem Bearbeitervermerk ratsam.[71]

D. Rechtliche Begutachtung

Dieses aufmerksame Durcharbeiten des Falles geht in die rechtliche Begutachtung über. Sie sollte in **Stichpunkten** gesondert notiert werden. **52**

Es ist zunächst wichtig, den **gesetzlichen Anknüpfungspunkt** für die anstehende Entscheidung klar zu benennen und sich den jeweiligen Prüfungsmaßstab immer vor Augen zu halten. Bei der Abschlussentscheidung der Staatanwaltschaft oder Eröffnungsentscheidungen des Gerichts geht es um die Prüfung hinreichenden Tatverdachts (§§ 170 I, 203 StPO), bei Fragen der Untersuchungshaft muss ein dringender Tatverdacht (§ 112 I 1 StPO) und bei Verurteilungen die volle Überzeugung von der Tatbegehung (§ 261 StPO) geprüft werden.

Bei der rechtlichen Begutachtung wird sich schnell herausstellen, ob **53** die Sache formelle Probleme aufwirft, die die Zulässigkeit eines Antrags bzw. eines Rechtsmittels betreffen. Unter Umständen sind hier erste Klippen eingebaut. Im Vordergrund stehen aber häufig materiellrechtliche Probleme der Strafbarkeit. Welche Tatbestände in Betracht kommen, ist im Stadium des Ermittlungsverfahrens meist schnell auszumachen oder wird durch Polizeiberichte vorgezeichnet. Im Hauptverfahren tritt es ohnehin klar zu Tage.

Jedenfalls kann stets eine Eingrenzung nach Tatbestandsgruppen **54** (z.B. Aussagedelikte, Vermögensdelikte, Anschlussdelikte) erfolgen. Die Merkmale der konkret zu prüfenden Strafnorm sind am Besten in vertikaler Auflistung zu vermerken, verbunden mit der Zuordnung zum Sachverhalt und sich möglicherweise ergebenden Problemen, wie etwa Beweisverwertungsfragen. Die Ergebnisse der einzelnen Subsumtionsschritte können bspw. mit den Zeichen (+) oder (–) symbolisiert werden. Kritische Punkte, die später beim Vortrag im Gutachtenstil zu prüfen sind, mag man mit einem Fragezeichen versehen: „Vermögensschaden?“. Besonders hervorzuhebende Dinge lassen sich etwa durch ein Ausrufezeichen kennzeichnen: „Strafantrag verfristet!“.

Bei der Entwicklung der Lösung sollte man sich in erster Linie **vom** **55** **eigenen Judiz leiten lassen** und nur ausnahmsweise einen Blick in den Kommentar werfen. Denn es nimmt kostbare Zeit in Anspruch, krampfhaft im Kommentar nach der vermeintlich richtigen Lösung zu suchen. Meist ist eine tragfähige Begründung ohne Zuhilfenahme des

---

[71] *Solbach* JA 1995, 226 (230).

Kommentars gefunden.[72] Je entlegener die Materie, desto weniger kann es auf Spezialkenntnisse ankommen. Denn dann reichen zehn oder zwölf Minuten Vortragsdauer für groß angelegte und komplexe Gedankengänge sicher nicht aus.

56 Nur wenn der Fall in allen wesentlichen Punkten durchdrungen ist, kann beurteilt werden, welche Teilaspekte für den Vortrag wichtig sind und welche verkürzt behandelt oder ganz weggelassen werden können.[73] Dabei sollte man im Hinterkopf behalten, dass auch die strafrechtliche Vortragsakte erfahrungsgemäß **allenfalls zwei Hauptprobleme** aufweist. So gesehen handelt es sich um den angenehmsten Teil der Examensprüfung

E. Planung des Vortrags

57 Sobald die rechtliche Lösung „steht", muss diese in die Form des Aktenvortrags gegossen werden. Dann ist der Aufbau des Vortrags **anhand des Redemanuskripts zu planen**. Hierauf wird in den folgenden Kapiteln im Einzelnen eingegangen.

58 Ein Auswendiglernen der endgültigen Fassung ist bei einer Bearbeitungszeit von 60 bis 90 Minuten weder möglich noch empfehlenswert. Es würde im Übrigen eher eine eintönige und langweilige Vortragsweise heraufbeschwören. Um es nochmals zu betonen: Frei sprechen heißt nicht, auswendig Gelerntes vorzutragen. Allerdings ist es ratsam, sich einige beabsichtigte prägnante Formulierungen mehrmals zu vergegenwärtigen.

59 Im Übrigen muss der Vortrag in Gedanken **mindestens einmal vollständig durchgegangen** werden. Auf diese Weise wird auch überprüft, ob die logische Abfolge der geplanten Darstellung stimmig ist.[74] Ferner kann man dabei erkennen, ob das gedanklich Gemeinte vom Hörer auch verstanden werden kann.[75] Und schließlich dient diese „Generalprobe" auch der psychischen Vorbereitung.

60 Ohne ein strenges Muster vorgeben zu wollen, ist die Bearbeitungszeit etwa folgendermaßen einzuteilen: ¼ Sachverhaltserfassung, ½ Lösungsentwurf, ¼ Einstudieren des Vortrags.[76] Auch diese zeitliche Abfolge muss durch vielfaches Üben verinnerlicht werden.

Nach Ablauf der Vorbereitungszeit wird der Kandidat in den Prüfungssaal geleitet, wo er auf seine Prüfer trifft.

---

[72] *Budde-Hermann/Schöneberg*, S. 8; *Pagenkopf/Pagenkopf/Rosenthal*, S. 27.

[73] *Knappmann* JA 1983, 643 (644); *v. Hartz/Streiter* JuS 2001, 790 (792).

[74] *Rosenberger/Solbach/Wahrendorf*, S. 9.

[75] *Patett*, S. 523.

[76] *Budde-Hermann/Schöneberg*, S. 7; *Pagenkopf/Pagenkopf/Rosenthal*, S. 18.

Kapitel 5. Grundlegender Aufbau des Vortrags

Für Aktenvorträge im Assessorexamen hat sich eine bestimmte **Reihenfolge** eingebürgert und als zweckmäßig erwiesen. An diesen klassischen Aufbau ist der Prüfungskandidat faktisch gebunden und sollte von ihm auch nicht abweichen. In Rheinland-Pfalz sind Teile des Aufbaus sogar durch Rechtsverordnung vorgeschrieben (§ 40 III 4 JAPO): 61

Die Rechtsreferendarin oder der Rechtsreferendar hat den wesentlichen Inhalt des Aktenstücks vorzutragen und einen begründeten Vorschlag für die Sachbehandlung zu machen.

Vielen Referendaren ist die klare Gliederung des zivilrechtlichen Vortrags[77] am meisten vertraut und sie zeigen ein wenig Scheu vor seinem strafrechtlichen Pendant. Jedoch ist dessen Aufbaustruktur weitgehend ähnlich.

Abgesehen von einigen höflichen Worten zu Beginn und am Ende gliedert sich der Vortrag in **fünf Teile**:

1. Einleitung
2. Sachbericht
3. Kurzer Entscheidungsvorschlag
4. Rechtliche Würdigung
5. Vollständiger Entscheidungsvorschlag

Über diesen grundlegenden Aufbau hinaus lässt sich angesichts der Vielgestaltigkeit möglicher strafrechtlicher Aufgabenstellungen kein allgemeingültiges Muster erstellen. Die Frage, ob bestimmte Angaben und Erörterungen in den Vortrag gehören, kann jeweils nur mit Blick auf die konkrete Aufgabenstellung beantwortet werden. 62

Das Fehlen allgemeingültiger Regeln mag zwar eine gewisse Unsicherheit verursachen. Dennoch muss niemand Angst haben: alles, was sinnvoll ist, ist richtig! Überlegungen zum Aufbau und Umfang sind immer an den Kriterien der **Sachdienlichkeit** und **Verständlichkeit** zu messen. Konkreter Inhalt, Aufbau und die Formulierung müssen immer auf die Lösung des jeweiligen Einzelfalles ausgerichtet werden.

---

[77] Vgl. hierzu *Jäckel*, Rn. 45 ff.

63 Wie jedes Aufbaumuster ist daher auch die sogleich dargestellte Reihenfolge kein unerschütterliches Heiligtum. Wenn es das Verständnis fördert, sind Modifikationen möglich. So ist es z.B. zulässig, Einzelheiten des zugrunde liegenden Sachverhalts im Sachbericht nur anzudeuten und erst später im Rahmen der rechtlichen Würdigung näher auszuführen.

Und wer während seines Vortrags bemerkt, dass er zuvor wesentliche Dinge vergessen hat, sollte diese möglichst geschickt einbinden, ehe er sie vollständig unterschlägt:

Beispiele: *„... In diesem Zusammenhang ist noch zu erwähnen, dass der Geschädigte fristgerecht Strafantrag gestellt hat. Dies war bei der Darstellung des Sachverhalts etwas zu kurz gekommen ...“*

„Ich füge dem Sachverhalt noch hinzu ...“

Ein solcher Nachtrag wird gewiss mehr honoriert als ein völliges Weglassen.

A. Begrüßungsformel

64 Ein Gebot der Höflichkeit und selbstverständlicher Bestandteil förmlicher Vortragsweise ist es, das Prüfungsgremium beim Eintritt in den Prüfungsraum kurz zu begrüßen. Dies schafft eine positive Prüfungsatmosphäre.[78] Dabei ist **Sachlichkeit** geboten, kein übertrieben höfliches Einschmeicheln. Sodann begibt man sich an den vorgesehenen Platz, legt das Manuskript und die Hilfsmittel ab und signalisiert den Prüfern unaufdringlich, dass man zum Vortrag bereit ist. So sichert man sich die beruhigte Konzentration der Zuhörer.

Es versteht sich von selbst, dass der Vortrag hingegen nicht mit einem einschränkenden Hinweis auf eigene Mängel („Ich bin leider mit meiner Lösung nicht ganz fertig geworden“; „Ich bin so fürchterlich aufgeregt“) begonnen werden darf.[79] Das wäre völlig fehl am Platze.

B. Einleitung

65 Am Beginn steht die einleitende Information der Zuhörer über den Hintergrund des Vortrags. Die Einleitung beginnt üblicherweise mit:

„Ich berichte (Ihnen) über ... /Ich habe (Ihnen) vorzutragen über ...“

---

[78] *Koch* JA 2009, 263 (264).
[79] *Pagenkopf/Pagenkopf/Rosenthal*, S. 24.

Wegen ihres unpassenden Wortsinns ist die Formulierung „Ich *möchte* … berichten" zu vermeiden.[80]

Die Einleitung sollte kurz und prägnant sein und die Zuhörer in **zwei bis drei Sätzen** darüber unterrichten, welches **Verfahren** (z.B. Ermittlungsverfahren, Strafsache, Klageerzwingungsverfahren, Anwaltsberatung, Revision etc.), **wo** anhängig ist, **gegen wen** sich das Verfahren richtet bzw. wer Beschwerde oder Revision eingelegt oder den Anwalt beauftragt hat und gegebenenfalls **welche Entscheidung** zu treffen ist. 66

Letzteres wird teilweise als entbehrlich angesehen. Da man aber einen völlig uninformierten Zuhörer voraussetzen muss, sollte dieser Hinweis nicht fehlen, um die Aufmerksamkeit von vornherein in die richtige Richtung zu lenken.[81]

Ob die Einleitung darüber hinaus **weitere Angaben** enthalten soll, hängt wie bereits erwähnt davon ab, ob dies die Verständlichkeit erhöht und für die Lösung von Bedeutung ist. 67

So kann etwa mitgeteilt werden, welche Straftat dem Beschuldigten (bzw. Angeschuldigten, Angeklagten) zu Last gelegt wird. Darauf sollte man aber verzichten, wenn dies nicht mit wenigen Worten zusammengefasst werden kann.[82] Die Vorwürfe werden ohnehin in dem folgenden Sachbericht mitgeteilt. Um der Gefahr von unzulässigen Verallgemeinerungen und Ungenauigkeiten an dieser Stelle vorzubeugen, kann man diese Information auch generell weglassen.[83]

Daneben kann es sachdienlich sein, mitzuteilen, ob es sich beim Beschuldigten (bzw. Angeschuldigten, Angeklagten) um einen Jugendlichen handelt, welchen Beruf er ausübt, wo er wohnt[84] und ob bzw. welche Vorstrafen er hat. Auch die Mitteilung von Tatzeiten und Zeitpunkt eines Strafantrags kann zweckmäßig sein.

Unbedingt muss man auf die **richtige Terminologie** achten: je nach Verfahrensstand wird der Betroffene als Beschuldigter, Angeschuldigter, Angeklagter (vgl. § 157 StPO) oder Verurteilter bezeichnet. 68
Weitere Einzelheiten und konkrete Beispiele für Einleitungen finden sich weiter unten bei der Erörterung der einzelnen Aufgabenstellungen.

An die Einleitung schließt sich ein klassischer **Übergangssatz** an, der auf den nachfolgen Sachbericht aufmerksam macht. Da die Prüfer einen solchen Satz möglicherweise schon mehrfach hören mussten, kann es nicht schaden, die Wortwahl etwas zu variieren: 69

---

80 So auch *Wolters/Gubitz*, S. 167.

81 *Solbach* JA 1995, 227.

82 *Kaiser/Schöneberg*, S. 7; *Rosenberger/Solbach/Wahrendorf*, S. 4.

83 Dies empfehlen *Pagenkopf/Pagenkopf/Rosenthal*, S. 164.

84 Nach *Pagenkopf/Pagenkopf/Rosenthal*, S. 163, sind Beruf und Wohnort des Beschuldigten immer zu nennen.

„Diesem Verfahren liegt folgender Sachverhalt zugrunde: ...“

„Die Grundlage für dieses Verfahren bildet der folgende Sachverhalt: ...“

„Im Einzelnen ist folgender Sachverhalt Gegenstand der Beratung: ...“

C. Sachbericht[85]

I. Grundlagen

70 Der Einleitung folgt eine auf den Vorschlag ausgerichtete Schilderung des tatsächlichen Geschehens. Im Idealfall wird dem Zuhörer ein abgerundeter Eindruck vom Sachverhalt vermittelt, ohne dass Unklarheiten, Widersprüche oder wesentliche Lücken hinsichtlich der anschließenden rechtlichen Würdigung verbleiben.[86]

Entsprechend der Hinweise der Prüfungsämter[87] wird an dieser Stelle ein **„kurzer Bericht“** bzw. eine „gestraffte“ Darstellung erwartet. Dies sollte man unbedingt wörtlich nehmen.

Der Wille, sicherheitshalber möglichst viel mitzuteilen, kann schnell zu einem „kopflastigen“ Vortrag führen und wertvolle Zeit rauben. Diese Zeit steht dann für den ungleich wichtigeren Teil der rechtlichen Würdigung nicht mehr zur Verfügung.

71 Verfehlt und mit den Hinweisen der Prüfungsämter nur schwer in Einklang zu bringen ist daher der Ratschlag, im Zweifel lieber mehr als zu wenig zu berichten.[88] Keinesfalls sollte der Sachbericht mehr als **1/3 der Vortragsdauer** ausmachen.[89]

Wie wichtig eine straffe Darstellung ist, zeigt der insoweit verallgemeinerungsfähige Hinweis aus dem Merkblatt des Landes Berlin:

„Die Sachverhaltsschilderung darf nur das Geschehen umfassen, das für die zu treffende Entscheidung notwendig ist. Jedes danach überflüssige Wort, jede danach überflüssige Angabe von Zahlen oder Daten beeinträchtigt den Wert des Vortrages ...“

72 Oberste Gebote sind wie immer die **Verständlichkeit und Übersichtlichkeit**.[90]

---

85 Auch als „Bericht“ oder „Sachverhalt“ bezeichnet.

86 *Rosenberger/Solbach/Wahrendorf*, S. 2.

87 Abgedruckt in *Rosenberger/Solbach/Wahrendorf*, S. 241 ff.

88 So aber *Solbach* JA 1995, 226 (228); *Rosenberger/Solbach/Wahrendorf*, S. 5; *Müller-Christmann*, S. 11.

89 *Patett*, S. 98; *Müller-Christmann*, S. 11 m.w.N.

90 *v. Hartz/Streiter* JuS 2001, 790 (793).

Kein Prüfungsfall ist so schwierig, als dass dieser Grundsatz zu vernachlässigen wäre. Eine lückenlose Sachverhaltsdarstellung ist nicht von Nöten. Die Vortragszeit und die Aufnahmefähigkeit der Zuhörer sind begrenzt. Es muss notwendigerweise eine Vereinfachung erfolgen, damit der Zuhörer dem Gedankengang problemlos folgen kann. Die Sachverhaltsschilderung wird im Vortrag meist noch knapper ausfallen, als in den feststellenden Gründen eines Urteils.[91]

Aber Achtung: der Sachbericht muss **vollständig** sein. Alles für die 73
Entscheidung **Wesentliche** muss – wenn auch nur kurz – mitgeteilt werden.

Das Bestreben um Knappheit darf also nicht zu groben Lücken im Sachbericht führen. Die Kunst besteht nun darin, trotz der notwendigen Straffung des Sachberichts nichts Wesentliches zu unterschlagen. Diese Fähigkeit zur Informationskonzentration stellt einen ganz wesentlichen Teil der Prüfungsleistung dar.

Daher trägt eine gelungene Sachverhaltsdarstellung erheblich zu einer positiven Beurteilung bei.[92]

Bei der Vorbereitung des Vortrags sollte man folglich auf eine sorgfältige Erarbeitung des Sachverhalts großen Wert legen. Dies wird – wie schon erwähnt – im Regelfall nicht weniger als ein Viertel der zur Verfügung stehenden Vorbereitungszeit in Anspruch nehmen.

II. Aufbau und Inhalt

Im Sachbericht ist der für die Entscheidung relevante Sachverhalt 74
mitzuteilen. Der genaue Aufbau hängt von der jeweiligen Aufgabenstellung ab. Ein Sachbericht, der z.B. über ein Ermittlungsverfahren aus Sicht eines Staatsanwaltes informiert, unterscheidet sich in Inhalt und Aufbau deutlich vom Sachbericht eines revisionsrechtlichen Aktenvortrags.

In zivil- und verwaltungsrechtlichen Vorträgen entspricht der Auf- 75
bau des Sachberichtes häufig dem eines Urteilstatbestandes.[93] Beim strafrechtlichen Aktenvortrag gibt es dagegen kein striktes Aufbauschema.[94]

Insbesondere wird nicht zwischen unstreitigem und streitigem Tatsachenstoff unterschieden.[95] Der **Sachverhalt** ist so zu schildern, wie er aus Sicht des Vortragenden oder aufgrund der Feststellungen der

91 *Kaiser/Schöneberg*, S. 8.
92 Vgl. *Proppe* JA 1995, 409 (410).
93 Vgl. hierzu *Jäckel*, Rn. 77 und 103.
94 *Kaiser/Schöneberg*, S. 9.
95 *Pagenkopf/Pagenkopf/Rosenthal*, S. 163.

Vorinstanz **feststeht**.[96] Eine gegebenenfalls erforderliche Beweiswürdigung erfolgt erst im Rahmen der rechtlichen Würdigung.[97] Allenfalls im Anschluss an den Sachbericht kann kurz mitgeteilt werden, auf welchen Beweismitteln er beruht:[98]

„Dieser Sachverhalt steht fest aufgrund der Einlassung des Beschuldigten, sofern dieser gefolgt werden konnte, und den Aussagen der Zeugen Hinz und Kunz. Hierauf soll im Einzelnen später eingegangen werden."[99]

Bei klarer Beweislage kann der folgende Hinweis sachdienlich sein:

„Der Beschuldigte ist glaubhaft geständig. Der Tathergang wird in wesentlichen Punkten durch Zeugenaussagen bestätigt."[100]

76 Der Zuhörer soll sich eine eigene Meinung zur rechtlichen Lösung bilden können. Neben den für die letztlich vorgeschlagene Entscheidung relevanten Tatsachen müssen daher auch – soweit vorhanden – die Geschehnisse mitgeteilt werden, die für eine andere vertretbare rechtliche Wertung wesentlich sind,[101] die also die eigene Lösung in Frage stellen können.[102]

III. Details und Pauschalierungen

77 Einzelheiten sind nur dann zu erwähnen, wenn sie für die rechtliche Beurteilung eine wesentliche Rolle spielen oder zum Verständnis notwendig sind.

Das gilt für **Daten und Zahlenangaben** ebenso wie z.B. für Berufe der Zeugen, Altersangaben, nähere Ortsbeschreibungen, Ermittlungsarbeiten der Polizei, genaue Zeugenbeobachtungen und verfahrensrechtlich bedeutsame Geschehnisse.

Wesentlich ist z.B. die genaue Angabe einer Blutalkoholkonzentration, wenn bei einer Trunkenheitsfahrt die absolute oder relative Fahruntüchtigkeit thematisiert werden muss.[103]

---

[96] *Charchulla/Welzel*, Rn. 633; *Wolters/Gubitz*, S. 168.
[97] *Charchulla/Welzel*, Rn. 633; *Wolters/Gubitz*, S. 168; *Kaiser/Schöneberg*, S. 9.
[98] *Wolters/Gubitz*, S. 167; *Solbach* JA 1995, 226 (228); nach *Pagenkopf/Pagenkopf/Rosenthal*, S. 163, gehört die Angabe der Beweismittel an den Anfang des Sachberichts.
[99] Entsprechend *Charchulla/Welzel*, Rn. 633.
[100] Beispiel nach *Rosenberger/Solbach/Wahrendorf*, S. 140.
[101] *Solbach* JA 1995, 226 (228).
[102] *Müller-Christmann*, S. 11 m.w.N.
[103] Vgl. hierzu Übungsfall 3.

Wenn im Sachbericht wichtige Zahlen, Daten und Fristen (z.B. Tatzeit, Zeitpunkt von Strafantragsstellung oder Revisionseinlegung) mitgeteilt werden, sollte dies möglichst einprägsam und anschaulich geschehen. Dies kann durch die Verwendung allgemeiner Formulierungen erfolgen. 78

„Am 11. Oktober, also einen Tag vor Ablauf der Verjährungsfrist ... "

„Vier Wochen nach dem Überfall hat der Geschädigte Strafantrag gestellt."

„Acht Tage nach Zustellung des Urteils legte der Angeklagte Revision ein."

Ist allein die Reihenfolge bestimmter Ereignisse und nicht deren konkretes Datum wichtig, dann sollte man diese Abfolge durch Adverbien („zunächst ... daraufhin ... danach ...") verständlich zu machen.[104] Auch wenn es um eine bestimmte Zeitspanne geht, ist deren Dauer wichtiger als die Umgrenzung durch Datumsangaben. Insbesondere kann man sich mit **Pauschalierungen** helfen:

„Wenige Tage später ..."

„Noch vor Zustellung des Strafbefehls ..."

Auf diese Weise kann man sich zunutze machen, dass der fachkundige Zuhörer bestimmte prozessuale Vorgänge automatisch mit besonderen Fristen in Verbindung bringt und sich auf den Zeitablauf, nicht die Daten selbst, konzentriert.[105]

Bei Personen, die nicht unmittelbar Verfahrensbeteiligte sind, ist oft 79
deren Funktion oder Verhältnis zum Beschuldigten wichtiger als ihr – möglicherweise komplizierter – Name. Die Rolle, die eine Person im berichteten Lebenssachverhalt spielt, ist vielfach auch aussagekräftiger als ihr Name oder ihre Verfahrensstellung (Zeuge, Geschädigter o.ä.).[106] Dann bietet es sich an, verkürzt von dem „Vater des Beschuldigten", der „Beifahrerin" o.ä. zu sprechen:

„Daraufhin erklärte der Eigentümer, er sei damit nicht einverstanden."

Teilweise kommt es auf den genauen **Wortlaut einer Äußerung** 80
des Beschuldigten an, wenn etwa die Tatbestände der Beleidigung oder Bedrohung zu prüfen sind. Um aber Wiederholungen innerhalb des

---

[104] *Formann/Schroeder* JA 2006, 47 (50); *Theesfeld*, S. 16.
[105] *Balzer/Forsen*, S. 158.
[106] Vgl. *Balzer/Forsen*, S. 153.

Vortrages zu vermeiden, kann man auf die Wiedergabe einer entscheidenden Textpassage im Sachbericht verzichten und stattdessen hinsichtlich des genauen Wortlautes auf die späteren Ausführungen im Rahmen der rechtlichen Würdigung verweisen.[107] Eine kompakte Darstellung der wesentlichen Gesichtspunkte im Rahmen der rechtlichen Würdigung spart wertvolle Zeit. Der Vortrag wird lebendiger und die Zuhörer können den Lösungsweg besser nachvollziehen.

81 Allgemein ist es zulässig, selbst unentbehrliche Details erst im Rahmen der rechtlichen Würdigung darzulegen.[108] Dies kann man ankündigen durch den Hinweis

„Auf weitere Einzelheiten hinsichtlich der Daten und der genauen Schadenshöhe wird im weiteren Verlauf des Vortrags noch einzugehen sein."

IV. Rechtsansichten

82 Rechtsansichten oder die Nennung von Paragraphen haben im Sachbericht grundsätzlich keinen Platz. Der Bericht informiert die Zuhörer allein über die der Entscheidung zugrundeliegenden Tatsachen.

Das gilt insbesondere auch dann, wenn es um eine revisionsrechtliche Entscheidung über Rügen der Verletzung von Verfahrensrecht geht. Hier wird der Revisionsführer in der Revisionsbegründungsschrift regelmäßig auch seine Rechtsansichten ausbreiten. Im Sachbericht werden aber nur die entscheidungsrelevanten Verfahrenstatsachen wiedergegeben und mitgeteilt, inwieweit der Revisionsführer Verfahrens- oder Sachrüge erhebt.[109]

D. Kurzer Entscheidungsvorschlag[110]

83 Den Übergang zur rechtlichen Würdigung bildet ein **kurz** gefasster Entscheidungsvorschlag.

„Ich schlage vor, ..."

Er informiert die Zuhörer in knapper Form über die wesentliche Entscheidung und dient als Richtschnur für die weiteren Erwägungen.

---

[107] *Kaiser/Schöneberg*, S. 8.

[108] *Rosenberger/Solbach/Wahrendorf*, S. 125; *Wolters/Gubitz*, S. 169.

[109] Ein Beispiel finden Sie unten bei der Darstellung der revisionsrechtlichen Aufgabestellung.

[110] Auch als Pauschalvorschlag, Entscheidungsvorschlag u.a. bezeichnet.

Wenn die Entscheidung in einem knappen Satz dargestellt werden kann, sollte der Vorschlag ausformuliert werden.[111] Dann ergibt sich zum abschließenden vollständigen Entscheidungsvorschlag kein Unterschied.

„Ich schlage vor, gegen den Beschuldigten Anklage vor dem Strafrichter beim Amtsgericht Erfurt wegen Diebstahls zu erheben."[112]

Falls der Fall jedoch kompliziert ist und sich die Entscheidung auf **84** mehrere, vielleicht sogar verwickelte Fragen gründet, sollte der kurze Entscheidungsvorschlag die Einzelheiten aussparen und nur die tragende Entscheidung mitteilen.

„Ich schlage vor, das Urteil des Schöffengerichts in Duisburg aufzuheben und den Angeklagten freizusprechen."

Weitere Einzelheiten (z.B. die sachliche und örtliche Zuständigkeit des Gerichts, etwaige neben einer Anklage zu stellende Anträge) bleiben in diesem Fall dem abschließenden vollständigen Entscheidungsvorschlag vorbehalten.

Den **Übergang** zum anschließenden Hauptteil des Vortrags bildet **85** bspw. der Satz:

„Das ergibt sich im Wesentlichen aus folgenden rechtlichen Erwägungen."

E. Rechtliche Würdigung

I. Grundlagen

Die rechtliche Würdigung bildet den Kern des Vortrags. Auf diesen **86** Teil entfallen etwa **2/3 der Vortragszeit**. Mit der rechtlichen Würdigung wird der Entscheidungsvorschlag begründet. Alles was nicht entscheidungserheblich ist, wird nicht vorgetragen.

Der Kandidat stellt in der rechtlichen Würdigung die Argumente dar, mit denen er seine Zuhörer überzeugen will. Dies erfordert, dass sich der Vortragende **klar und nachvollziehbar** für eine bestimmte Lösung entscheidet.

Es wird nur **ein** Vorschlag in der rechtlichen Würdigung begründet. Keinesfalls dürfen mehrere Alternativen angeboten werden.[113] Wenn man sich an einem bestimmten Knackpunkt für einen Weg entschieden

---

[111] *Rosenberger/Solbach/Wahrendorf*, S. 125 f.
[112] Vgl. *Nozza-Bodden* JA 1998, 794 (796); wie vor S. 126.
[113] *Solbach* JA 1995, 225 (229).

hat, erledigen sich damit die Fragen zur abweichenden Lösung.[114] Keinesfalls darf der Kandidat seine Lösung als vorläufig und überprüfungsbedürftig darstellen.

87 Verlangt wird **Entscheidungsfreude**. Auch verbleibende Zweifel an seiner Lösung sollten den Prüfling nicht dazu verleiten, einen halbherzigen, schwankenden Entwurf zu präsentieren. In einem solchen Fall muss er allerdings damit rechnen, dass seinem Vorschlag unter Umständen nicht beigetreten wird. Über die sich hieraus ergebenden Hinweise und Fragen sollte man sich daher schon während der Bearbeitungszeit Gedanken machen. Grundsätzlich ist aber abzuwarten, ob die Prüfer hierauf überhaupt zurückkommen.[115] Zu vermeiden sind daher Worte wie „dürfte", „müsste" oder „könnte", sofern sie nicht den Gutachtenstil verdeutlichen.[116]

II. Inhalt

88 Die inhaltlichen Anforderungen an die rechtliche Würdigung beim Aktenvortrag entsprechen denen des Klausurgutachtens. Es ist also wie bei einer Klausur der Sachverhalt in materiell-rechtlicher und in prozessualer Hinsicht zu würdigen.

89 Dabei ist es auch beim Aktenvortrag wichtig, zunächst den Anknüpfungspunkt der rechtlichen Prüfung klar zu benennen.

Der gedankliche Ansatz kann je nach Aufgabenstellung sehr unterschiedlich ausfallen. Es ist regelmäßig nicht die „Strafbarkeit" zu prüfen, sondern der jeweils erforderliche Grad des „Tatverdachts".[117] Diesen Prüfungsmaßstab muss man immer klar vor Augen haben und durch Verwendung der richtigen **Terminologie** deutlich machen.

90 Der **hinreichende Tatverdacht** (§§ 170 I, 203 StPO) ist maßgeblich für die das Ermittlungsverfahren abschließende Entscheidung der Staatsanwaltschaft sowie für die richterliche Entscheidung über die Eröffnung des Hauptverfahrens: lässt das vorliegende Beweismaterial eine Verurteilung des Beschuldigten mit Wahrscheinlichkeit erwarten?

Der **dringende Tatverdacht** (§ 112 I 1 StPO) muss im Rahmen einer Entscheidung über die Anordnung oder Fortdauer der Untersuchungshaft geprüft werden: besteht aufgrund bestimmter Tatsachen die

---

114 *Patett*, S. 1171.

115 Hinweise des Hessischen Justizprüfungsamtes für den Vortrag aus dem Zivil-, Arbeits- und Wirtschaftsrecht; *Theesfeld*, S. 20.

116 *Budde-Hermann/Schöneberg*, S. 2.

117 Vgl. zu den Besonderheiten revisionsrechtlicher Aufgabenstellungen unten Kapitel 9.

hohe Wahrscheinlichkeit, dass der Beschuldigte Täter oder Teilnehmer ist einer Straftat ist?

Der **einfache Tatverdacht** muss für die Anordnung von Beschlagnahme und Durchsuchung, §§ 94, 102 StPO, geprüft werden: liegen tatsächliche Anhaltspunkte vor?

Die **Überzeugung** (§ 261 StPO) ist Voraussetzung verurteilender Erkenntnisse: ist das Gericht sicher, dass der Beschuldigte die Straftat begangen hat?

III. Gliederung

Wie aus Klausurgutachten gewohnt, ist die rechtliche Würdigung **nach Handlungskomplexen** und innerhalb dieser **nach Personen** zu gliedern. Dies wird durch eine entsprechende Formulierungsweise deutlich: 91

„Zunächst ist zu prüfen, ob sich die Beschuldigte Kaiser durch Entgegennahme des Geldes der Hehlerei gem. § 259 I StGB verdächtig gemacht hat."

Wenn bei mehreren Beschuldigten unzweifelhaft nur mittäterschaftliche Begehung in Betracht kommt, sind eine gemeinsame Prüfung und ein kurzer einleitender Hinweis ratsam.[118]

IV. Darstellungsstil

Die rechtliche Würdigung im Aktenvortrag hat eine **eigenständige Form.**[119] Sie erfolgt weder starr im Gutachten- noch ausschließlich im Urteilsstil. Erforderlich ist vielmehr eine zweckmäßige Mischung aus beidem, wobei der Stilwechsel die Schwerpunktsetzung verdeutlicht. 92

Vereinfacht gesprochen: unproblematische Fragen werden im Urteilsstil, die Kernprobleme und schwierigen Rechts- und Beweisfragen im Gutachtenstil behandelt.

Daher darf man sich nicht verwirren lassen, wenn bspw. das hessische Justizprüfungsamt in seinen Hinweisen von einer „knapp gefassten gutachtlichen Begründung" spricht.

In erster Linie rechtfertigt der Begründungsteil des Vortrags den anfänglichen Entscheidungsvorschlag und wird daher überwiegend im **Urteilsstil** dargeboten. Dies gilt vor allem für einfache Rechtsfragen und einfache Beweiswürdigungen. Der Grund hierfür liegt auch und vor allem in der begrenzten Zeit und der Verständlichkeit für die Zuhö- 93

---

[118] Vgl. hierzu Übungsfall 2.

[119] *Solbach* JA 1995, 225 (228).

rer. Die meisten Fälle weisen aber durchaus schwierige Rechtsfragen auf oder enthalten ein „Kernproblem". Allerdings erzwingt nicht alles, was bei der Bearbeitung des Aktenstückes zunächst Schwierigkeiten bereitet hat, die Erörterung im Gutachtenstil.[120] Nur bei verbleibenden wirklichen Zweifelsfragen bietet es sich an, teilweise in Gutachtenform vorzutragen.

Hierdurch wird verdeutlicht, dass der Kandidat – anders als bisher – zu einem Abwägen von Argumenten übergehen will. Dies sichert die Aufmerksamkeit der Zuhörer. Anderseits wollen sie auch nicht zu lange auf die Folter gespannt werden. Nach dem Aufwerfen der Problemfrage müssen alsbald die zentralen Erwägungen folgen.

94 Eine solche **verknappte Gutachtenform** (oder: Misch-Stil) bedarf natürlich der Übung. Viele Referendare neigen, geprägt durch ihr Studium und die später in der Zivilrechtstation vermittelte Relationstechnik, zu langatmigen gutachterlichen Ausführungen.

Hiervon muss man sich für den Aktenvortrag lösen können. Es ist vom Standpunkt eines in der Praxis tätigen Juristen auszugehen, der die Sache anderen Juristen vorträgt.[121] Rechtliche Selbstverständlichkeiten auszubreiten wäre also praxisfern und verfehlt. So ist bspw. die Einhaltung von Formalien nur dann zu erörtern, wenn sie eine sachliche Entscheidung ausschließen könnten.[122]

V. Vermeidbare Fehler

95 Der Versuch, größtmögliche Mengen an Wissen an den Mann zu bringen, verursacht zusätzliche Fehlerquellen. Insbesondere sollten – anders als mitunter im Ersten Staatsexamen – keine präsenten Standarddefinitionen abgespult werden. Der Kurzvortrag ist kein Lehrbuchvortrag. Theoretische Darlegungen gehen meist zu Lasten sinnvoller Sachverhaltsauswertung.[123]

Ein Prüfer, der solcherlei Basis- und Zusatzwissen abfragen möchte, wird hierfür das anschließende Gespräch nutzten.[124] Ebenso wenig gehören abwegige Rechtsansichten in einen Aktenvortrag. Es kann nur immer wieder betont werden, dass es nicht Aufgabe des Aktenvortrags ist, für den gegebenen Fall eine perfekte, wissenschaftlich nach allen Seiten abgesicherte Lösung zu liefern.[125]

---

[120] *Knappmann* JA 1983, 643 (645).

[121] Weisungen für den Aktenvortrag für das Land NRW.

[122] Weisungen für den Kurzvortrag des Gemeinsamen Prüfungsamtes Bremen/Hamburg/Schleswig-Holstein.

[123] *Teubner*, S. 2.

[124] Hinweise des Hessischen Justizprüfungsamtes für den Vortrag aus dem Zivil-, Arbeits- und Wirtschaftsrecht.

[125] *Riedel* JA 2001, 314 (318).

VI. Übersichtlichkeit und Verständlichkeit

Ferner sollte sichergestellt werden, dass die Zuhörer der Abfolge der rechtlichen Erörterungen gut folgen können. Empfehlenswert, aber nicht immer notwendig, sind daher **Gliederungshinweise** und **Zwischenfeststellungen**. Derartiges wäre in den Entscheidungsgründen eines Urteils überflüssig und falsch, im Kurzvortrag stellt es aber ein geeignetes Stilmittel dar:[126] 96

„Es lässt sich also zunächst zusammenfassen, dass ...“

„Demnach ist nun zu untersuchen, ob ...“

Insbesondere ausdrücklich festgehaltene Zwischenergebnisse prägen sich dem Zuhörer ein und können bei schwierigeren Begründungen als Grundlage der weiteren Lösung des Falles dienen.

F. Vollständiger Entscheidungsvorschlag

Zum Abschluss des Vortrags erfolgt ein detaillierter Entscheidungsvorschlag. 97

Dieser muss vollständig sein. Soweit es sich z.B. um eine verfahrensabschließende Entscheidung handelt, muss der Vorschlag – im Gegensatz zum einleitenden kurzen Vorschlag – sämtliche für einen vollständigen Verfahrensabschluss relevanten Informationen enthalten.[127] Einzelne Beispiele finden sich im Folgenden bei der Erörterung der verschiedenen Aufgabenstellungen.

Wie schon erwähnt, sollte der abschließende Vorschlag vollständig im Manuskript niedergeschrieben sein.

Ganz zum Schluss sollte sich der Kandidat wiederum aus Höflichkeit bei den Prüfern kurz für deren Aufmerksamkeit bedanken und sie dabei anschauen: 98

„Damit schließe ich meinen Vortrag und bedanke mich für Ihre Aufmerksamkeit.“

Das rundet den Vortrag ab und vermeidet sonstige aus Anspannung oder Verlegenheit hervorgerufene, möglicherweise unpassende Abschlussbemerkungen des Prüflings.[128] Außerdem wird unmissverständlich klar, dass seine Ausführungen beendet sind.

---

[126] Ablehnend aber *Rosenberger/Solbach/Wahrendorf*, S. 7.
[127] *Charchulla/Welzel*, Rn. 639.
[128] *v.Hartz/Streiter* JuS 2001, 790 (793).

Kapitel 6. Vorträge aus staatsanwaltlicher Sicht

A. Aufgabenstellungen

Den meisten strafrechtlichen Aktenvorträgen im Assessorexamen liegen Akten aus dem Tätigkeitsbereich einer Staatsanwaltschaft zugrunde. 99

In der Regel ist dabei die Entscheidung der mit der Sache befassten Staatsanwaltschaft **nach Abschluss des Ermittlungsverfahrens** vorzuschlagen (Erhebung der öffentlichen Klage, Verfahrenseinstellung).[129] Der Bearbeiter muss also den Fall aus der Perspektive der Staatsanwaltschaft betrachten. Seine Situation ist damit derjenigen eines Staatsanwaltes vergleichbar, der ein abschlussreifes Ermittlungsverfahren seinem Abteilungsleiter vorträgt.

Auch die Prüfung einer Revision aus Sicht der Staatsanwaltschaft kann zum Gegenstand eines Aktenvortrags gemacht werden. In erster Linie betreffen revisionsrechtliche Aufgabenstellungen aber die anwaltliche oder richterliche Sicht.

Weitere Vortragsthemen sind denkbar, aber vergleichsweise selten als Prüfungsgegenstand zu erwarten. Hierzu zählt die Prüfung, ob die Staatsanwaltschaft Antrag auf Erlass eines Haftbefehls stellen soll wie auch die Stellungnahme der Staatsanwaltschaft zu einer bereits eingelegten Haftbeschwerde des Beschuldigten (§§ 304, 33 II StPO). Denkbar ist auch die Prüfung, ob Beschwerde gegen eine richterliche Entscheidung eingelegt werden soll. Auch das Klageerzwingungsverfahren bzw. die Vorschaltbeschwerde[130] kann zum Thema gemacht werden.

Zunächst folgen ausführliche Hinweise zur Abschlussentscheidung als der häufigsten Aufgabenstellung (B.-F.) und im Anschluss finden sich Anmerkungen zu den sonstigen Aufgabestellungen (G.), insb. zum Klageerzwingungsverfahren und zum Haftbefehl. Die Hinweise zu revisionsrechtlichen Vorträgen werden in einem separaten Kapitel dargestellt.[131]

---

[129] *Pagenkopf/Pagenkopf/Rosenthal*, S. 163: „70 bis 80 % der Fälle". Vgl. hierzu auch die Übungsfälle 1 und 2.

[130] Vgl. zu den examensrelevanten Problemen *Hütwohl* JuS 2014, 30.

[131] Zu revisionsrechtlichen Aktenvorträgen siehe unten Kapitel 9.

B. Einleitung

100 Soll eine Abschlussentscheidung der Staatsanwaltschaft vorgeschlagen werden, so könnte eine typische Einleitung lauten:

„Ich berichte über ein Ermittlungsverfahren gegen Dieter Dumbrodt, das im Jahr 2020 bei der Staatsanwaltschaft Erfurt anhängig war und über dessen Abschluss zu entscheiden ist."

Gegebenenfalls kann die Nennung weiterer Einzelheiten (Straftat, Beruf des Beschuldigten oder der Zeugen, Wohnort, Alter zur Tatzeit, Zeitpunkt eines Strafantrags) zum Verständnis beitragen und daher sinnvoll sein.

„Ich trage über ein Ermittlungsverfahren vor, das im Jahr 2020 bei der Staatsanwaltschaft Saarbrücken anhängig war und über dessen Abschluss zu entscheiden ist. Das Verfahren richtet sich gegen Heinz Hunt. Er soll einen Hund erschlagen haben."

„Ich berichte über ein Ermittlungsverfahren der Bonner Staatsanwaltschaft aus dem Jahr 2020 gegen Kevin Kuntze. Dem zur Tatzeit 17-jährigen Auszubildenden wird vorgeworfen, er habe die Rentnerin Ilse Bilse überfallen. Über den Abschluss des Ermittlungsverfahrens ist zu entscheiden."

C. Sachbericht

101 Zunächst sei auf die grundlegenden Ausführungen im 5. Kapitel verwiesen.

Im Sachbericht müssen alle Tatsachen mitgeteilt werden, die der späteren Entscheidung als Grundlage dienen, die also im Rahmen der rechtlichen Würdigung für die Subsumtion benötigt werden. Welche Tatsachen vorgetragen werden müssen, hängt somit von der zu treffenden Entscheidung ab.

Wenn es um eine **Abschlussverfügung** der Staatsanwaltschaft geht, ist der Sachbericht mit der Konkretisierung in der Anklageschrift (dem sog. konkreten Anklagesatz) vergleichbar.[132]

Der Geschehensablauf (nicht der Akteninhalt) sollte **chronologisch** dargestellt werden.

---

[132] So auch *Wolters/Gubitz*, S. 168.

„Dem Verfahren liegt folgender Sachverhalt zugrunde: Am 28.12.2020 fuhr der Beschuldigte mit dem Auto seines Bruders … . Am nächsten Tag …“

Besonders ist darauf zu achten, dass auch **subjektive Tatsachen** geschildert werden, also Tatsachen, die die innere Tatseite betreffen: Was hat der Beschuldigte gewusst und gewollt? Bei Versuchsstraftaten kann hier sogar der Schwerpunkt der Darstellung liegen.

„Der Angeschuldigte hatte es auf das in der Tasche befindliche Geld – 1000,- € in großen Scheinen – abgesehen, das er für sich behalten wollte.“

„Der Beschuldigte ging davon aus, dass … .“

„Dabei wusste er, dass er nicht im Besitz einer gültigen Fahrerlaubnis war.“

„Die Tür war – entgegen der Vorstellung des Beschuldigten – nicht verschlossen.“

Neben den Tatsachen, welche die Verwirklichung der Tatbestände betreffen, sind auch die **entscheidungsrelevanten Verfahrenstatsachen** (z.B. Strafantrag, sonstige Strafverfolgungsvoraussetzungen) zu nennen.

D. Kurzer Entscheidungsvorschlag

Der kurze Entscheidungsvorschlag stellt lediglich **in knapper Form** 102
die tragende Entscheidung vor.[133]

Während man beim Vorschlag, öffentliche Klage zu erheben, nur den für erwiesen erachteten Tatvorwurf angibt und weitere Informationen (sachliche und örtliche Zuständigkeit des Gerichts, neben der Anklage zu stellende Anträge) dem vollständigen Entscheidungsvorschlag am Ende des Vortrages vorbehält, teilt man im Falle einer (gegebenenfalls teilweisen) Einstellung bereits an dieser Stelle die einschlägige Einstellungsnorm mit. Dies lenkt die Aufmerksamkeit des Zuhörers bereits in eine bestimmte Richtung. Verweist der Vortragende etwa auf § 170 II 1 StPO, wird schon hier das Fehlen eines hinreichenden Tatverdachts deutlich. Der Vorschlag einer Einstellung (bzw. eines Antrags auf Zustimmung zur Einstellung durch das Gericht) gem. §§ 153 ff. StPO lenkt die Aufmerksamkeit auf die Gründe, die den

[133] Vgl. bereits die allgemeinen Anmerkungen in Kapitel 5.

Bearbeiter trotz des vielleicht vorliegenden Tatverdachts von der Anklageerhebung abgehalten haben.[134]

„Ich schlage vor, den Beschuldigten wegen Diebstahls in drei Fällen anzuklagen und das Verfahren im Übrigen gem. § 170 II 1 StPO einzustellen."

E. Rechtliche Würdigung

103 Die rechtliche Würdigung ist der **wichtigste Teil** des Aktenvortrags. Der mitgeteilte Sachverhalt wird rechtlich begutachtet und damit der Entscheidungsvorschlag begründet. Zunächst wird auch hier auf die grundlegenden Ausführungen im 5. Kapitel verwiesen.

Es sei noch einmal betont, dass es wichtig ist, **Schwerpunkte** zu setzen. Während Ausführungen zur Beweiswürdigung und problematische Rechtsfragen umfassender darzulegen sind (Gutachtenstil), wird Offensichtliches nur knapp und weitgehend im sog. Urteilsstil dargestellt. Die richtige Gewichtung ist bedeutsam für ein Gelingen des Vortrags. Durch den geschickten Wechsel von Gutachten- und Urteilsstil wird zudem die Aufmerksamkeit der Zuhörer auf die jeweiligen Schwerpunkte gelenkt.

„… Das ergibt sich im Wesentlichen aus folgenden rechtlichen Erwägungen:

Die Beschuldigte hat sich eines Diebstahls gem. § 242 I StGB hinreichend verdächtig gemacht, indem er … .

Die Beschuldigte könnte sich darüber hinaus durch den Schlag mit der Peitsche einer gefährlichen Körperverletzung gem. § 224 I Nr. 2 und Nr. 5 StGB hinreichend verdächtig gemacht haben. Voraussetzung dafür ist, dass … Daher ist ein hinreichender Tatbestand bezüglich einer gefährlichen Körperverletzung zu verneinen."

104 Als Ausgangspunkt der rechtlichen Würdigung sollte man immer die einschlägige gesetzliche Regelung nennen und anschließend deren Voraussetzungen systematisch prüfen.

Die Staatsanwaltschaft hat zwei Möglichkeiten, das Verfahren abzuschließen. Sie kann entweder die öffentliche Klage erheben oder das Verfahren einstellen. Die öffentliche Klage kann durch Einreichung einer Anklageschrift (§ 170 I StPO) oder durch den Antrag auf Erlass eines Strafbefehls (§ 407 I StPO) erhoben werden. Die Einstellung kann gem. § 170 II 1 StPO, gem. §§ 153 ff. StPO oder auf Grundlage

---

[134] So auch *Wolters/Gubitz*, S. 169.

des neu eingeführten § 154 f StPO erfolgen. Bei Jugendlichen kommt § 45 JGG hinzu, sofern der Bearbeitervermerk nichts anderes vorgibt. Wie bereits angemerkt, sind beim staatsanwaltlichen Aktenvortrag – anders als bei der Klausur – Entscheidungen nach §§ 153 ff. StPO typischerweise **nicht** ausgeschlossen.

Die rechtlichen Überlegungen lassen sich wie im Klausurgutachten in einen materiell-rechtlichen und einen prozessualen Teil gliedern.[135]

I. Materiell-rechtliche Überlegungen

Im materiell-rechtlichen Teil ist die Frage zu untersuchen, ob die Er- **105**
mittlungen „**genügenden Anlass** zur Erhebung der öffentlichen Klage" gem. § 170 I StPO bieten. Genügender Anlass in diesem Sinne liegt dann vor, wenn das zuständige Gericht das Hauptverfahren nach Anklageerhebung eröffnen würde. Dies hängt gem. § 203 StPO davon ab, ob der Beschuldigte „**hinreichend verdächtig** erscheint".[136] Beim Vortrag muss auf die richtige Verwendung dieser Terminologie geachtet werden.

Die Straftatbestände werden im Wesentlichen nach denselben Regeln **106**
wie im Klausurgutachten geprüft. Es müssen also – jedenfalls bei der gedanklichen Vorbereitung des Vortrages – systematisch die Deliktsmerkmale (Tatbestandsmerkmale, Rechtfertigungsgründe, Schuld) untersucht werden. Auch das Konkurrenzverhältnis der verwirklichten Tatbestände ist sorgfältig darzustellen.[137] Hinsichtlich der Reihenfolge, in der die einzelnen Tatbestände geprüft werden, gelten die üblichen Aufbauregeln (schwere vor den leichten Delikten, Täterschaft vor Teilnahme etc.). Es erscheint beim Aktenvortrag jedoch sachgerecht, diejenigen Tatbestände zuerst zu prüfen, für die ein hinreichender Tatverdacht bejaht wird.[138] Denn diese Tatbestände wurden – im Falle einer Anklageerhebung – bereits im kurzen Entscheidungsvorschlag genannt.

Beweisfragen sind nur vertieft anzusprechen, soweit sie Probleme **107**
aufwerfen. Problematisch kann z.B. die Verwertbarkeit von Beweismitteln sein.[139] Ein weiteres Problem kann darin bestehen, dass sich verschiedene Beweismittel widersprechen. Wenn alle Beweismittel ein bestimmtes Geschehen übereinstimmend tragen, ist der entsprechende Sachverhalt als feststehend zugrunde zu legen. Dann kann ohne weitere Ausführungen zur Beweissituation die rechtliche Bewertung erfolgen.

---

[135] In Klausuren auch als A-Gutachten und B-Gutachten bezeichnet.

[136] Zu den Voraussetzungen des hinreichenden Tatverdachts: *Meyer-Goßner/Schmitt*, § 203 Rn. 2.

[137] *Wolters/Gubitz*, S. 171.

[138] *Wolters/Gubitz*, S. 170.

[139] Vgl. hierzu *Meyer-Goßner/Schmitt*, Einl. Rn. 50 ff..

Deuten verschiedene Beweismittel aber in unterschiedliche Richtungen, muss eine Beweiswürdigung stattfinden.[140] Die Beweiswürdigung ist an der Stelle des Gutachtens vorzunehmen, an der ein bestimmter nicht feststehender Umstand einem Deliktsmerkmal zu subsumieren ist. Beweisfragen gehören also nicht etwa separat an den Beginn oder das Ende des Gutachtens, sondern müssen **innerhalb der Prüfung eines bestimmten gesetzlichen Merkmals** angesprochen werden.

„... Das ergibt sich im Wesentlichen aus folgenden rechtlichen Erwägungen:
Der Beschuldigte hat sich eines Hausfriedensbruches nach § 123 I StGB hinreichend verdächtig gemacht, als er ... Er leugnet zwar, am fraglichen Tag die Wohnung des Zeugen Schulz betreten zu haben. Seine Angaben werden aber durch die Aussagen der Zeugen Hinz und Kunz widerlegt. ...“

Eine umfassende Beweiswürdigung wird angesichts der knappen Zeit häufig nicht möglich sein. Bei der Prüfung des hinreichenden Tatverdachts muss allerdings nur eine hinreichende Wahrscheinlichkeit für eine Verurteilung festgestellt werden. Hierauf kann man die Zuhörer durch entsprechende Wortwahl hinweisen.

„Der Beschuldigte bestreitet zwar, dass ... Diese Einlassung wird jedoch durch die Bekundung des Zeugen Petze zu widerlegen sein. Der Zeuge Petze hat detailgenau geschildert, ... danach ist das Geschehen in dieser Hinsicht jedenfalls hinreichend wahrscheinlich.“

108 Der hinreichende Tatverdacht muss sich immer auf eine verfolgbare Straftat beziehen. Daher sind neben den Tatbestandsmerkmalen, den Rechtfertigungsgründen und den Fragen zur Schuld auch die **Strafverfolgungsvoraussetzungen** und Strafverfolgungshindernisse zu prüfen. Probleme eines wirksamen Strafantrags spielen insoweit häufig eine Rolle. An der Frage, wo man den Strafantrag in einer Klausur bzw. im Aktenvortrag ansprechen soll, scheiden sich die Geister. Da verschiedene Lösungen richtig sind, wird hier für die wohl zweckmäßigste plädiert.

109 Fragen des **Strafantrags** sollten bereits im materiell-rechtlichen Teil angesprochen werden.[141] Auf diese Weise ergibt sich eine geschlossene und übersichtliche Darstellung. Eine gesonderte Darstellung im prozessualen Teil ist zwar möglich, reißt die Darstellung aber unnötig auseinander.

---

[140] Häufiger Fall: Der Beschuldigte bestreitet das Geschehen und setzt sich damit in Widerspruch zu den Zeugenaussagen.

[141] So auch – für die Klausur – *Wolters/Gubitz*, S. 171.

Fehlt bei sog. „absoluten" Antragsdelikten[142] der Strafantrag, so wird bereits am Beginn der Deliktsprüfung auf das Fehlen dieser – zwingenden – Verfolgungsvoraussetzung hingewiesen. Jede weitere Prüfung erübrigt sich damit. Überflüssige Ausführungen werden so vermieden.

Bei sog. „relativen" Antragsdelikten[143] kann die Strafverfolgungsbehörde einen fehlenden oder unwirksamen Strafantrag durch die Annahme eines „besonderen öffentlichen Interesses an der Strafverfolgung" ersetzen (siehe z.B. § 230 StGB). Eine wertvolle Orientierungshilfe bei der Prüfung bieten Nrn. 234, 235 und 243 RiStBV. Hier findet man die für das besondere öffentliche Interesse maßgeblichen Gesichtspunkte. Die genannten Regelungen gelten zwar nur für Körperverletzungen, können aber größtenteils auch bei anderen relativen Antragsdelikten als Prüfungsmaßstab herangezogen werden. Da das besondere öffentliche Interesse sinnvollerweise erst nach Prüfung des gesetzlichen Tatbestandes und des Schuldumfanges erörtert werden kann, empfiehlt es sich – wie im ersten Staatsexamen – diese Prüfung an das Ende der Ausführungen zum Tatbestand zu stellen.[144] Das gilt jedenfalls, soweit das besondere öffentliche Interesse bejaht wird. Wird es verneint – das Ergebnis steht ja bereits anhand der Lösungsskizze fest – kann die Frage wiederum vorgezogen werden, um unnötige Ausführungen zu vermeiden.

Der hinreichende Tatverdacht sollte auch dann geprüft werden, **110**
wenn sich der Bearbeiter für eine **Einstellung nach § 153 I StPO** entscheidet. Im Rahmen einer solchen Einstellung reicht ein geringerer Verdachtsgrad aus. Nach h.M. genügt die bloße Wahrscheinlichkeit der Verurteilung auf Basis des bisherigen Ermittlungsstandes.[145] Es reicht also ein irgendwie gearteter Verdacht i.S.d. § 152 II StPO (sog. Anfangsverdacht) aus.[146] Eine Prüfung des hinreichenden Tatverdachts ist daher eigentlich nicht erforderlich. Eine Klärung etwa, ob eine Einstellung mangels hinreichenden Tatverdachts gem. § 170 II StPO in Frage kommt, ist bei einer Einstellung nach § 153 I StPO nicht geboten.[147] Es müssen neben dem Anfangsverdacht allein die sonstigen Voraussetzungen der Verfahrensbeendigung nach § 153 I StPO geprüft werden, was in der Praxis auch das übliche Vorgehen darstellt. Dennoch sollte beim Aktenvortrag auch in diesem Fall der hinreichende Tatverdacht geprüft werden. Es sei denn, der Bearbeiter ist sich sicher, sich durch ein „Überspringen" keine Probleme „abzuschneiden", oder aber der

---

142 Z.B. §§ 123, 185, 194, 247, 248b, 201 I, II, 202 bis 204, 205 StGB.

143 Z.B. §§ 223, 229, 242 i.V.m. 248a, 246 i.V.m. 248a, 248c i.V.m. 248a, 263 i.V.m. 248a, 266 i.V.m. 248a, 299, 303 bis 303b StGB.

144 Vgl. hierzu Übungsfall 1.

145 *Beulke/Swoboda*, Rn. 334.

146 KK/*Diemer*, § 153 Rn. 4.

147 *Meyer-Goßner/Schmitt*, § 153 Rn. 3.

Bearbeitervermerk zeigt deutlich in Richtung der Einstellungsvorschrift des § 153 I StPO.[148]

II. Prozessuale Überlegungen

111 Wie soeben gezeigt, werden bereits im materiell-rechtlichen Teil des Aktenvortrags einzelne verfahrensrechtliche Fragen angesprochen (Fragen zu Strafantragsvoraussetzungen oder zum Vorliegen etwaiger Beweisverwertungsverbote). In dem darauffolgenden prozessualen Teil des Vortrags werden daher nicht sämtliche die StPO betreffenden Fragen abgehandelt. Vielmehr geht es um das **weitere praktische Vorgehen der Staatsanwaltschaft**. Es ist darzulegen, warum eine bestimmte Entscheidung vorgeschlagen wird und was gegebenenfalls darüber hinaus zu veranlassen bzw. zu bedenken ist. Dieser prozessuale Teil kann mit einem verbindenden Satz eingeleitet werden.[149]

„In prozessrechtlicher Hinsicht ist folgendes zu bedenken: ...“

112 Entsprechend den zwei grundlegenden Entscheidungsmöglichkeiten lassen sich die prozessualen Überlegungen in zwei Teile gliedern. Im ersten Teil sind Fragen zur Einstellung zu erörtern und im zweiten Teil können die mit einer öffentlichen Klage in Zusammenhang stehenden Fragen behandelt werden. Es versteht sich von selbst, dass die entsprechenden Fragen nur dann anzusprechen sind, wenn die jeweilige Entscheidung in Betracht gezogen wird. Falls beim Vorliegen mehrerer Taten zum Teil eingestellt und zum Teil öffentliche Klage erhoben wird, stellt man zunächst die mit der Einstellung und anschließend die mit der öffentlichen Klage zusammenhängenden Fragen dar.

113 Wird im materiell-rechtlichen Teil der **hinreichende Tatverdacht verneint**, so ist an dieser Stelle die Einstellungsnorm des § 170 II 1 StPO zu nennen. Daneben ist darauf hinzuweisen, dass die Einstellung unter der Voraussetzung des § 170 II 2 StPO dem Beschuldigten mitzuteilen ist, dass der Antragsteller nach § 171 S. 1 StPO unter Angabe der Gründe zu bescheiden ist und dass eine Belehrung des Antragstellers nach § 171 S. 2 StPO erforderlich ist.

114 Bei einer Einstellung nach § 170 II StPO unter **Verweisung auf den Privatklageweg** sollte einerseits der Katalog des § 374 StPO erwähnt und eine verneinende Stellungnahme zum öffentlichen Interesse i.S.d. § 376 StPO abgegeben werden. Andererseits muss in diesem Fall auf die Mitteilung an den Beschuldigten nach § 170 II 2 StPO, den Be-

[148] So auch *Wolters/Gubitz*, S. 172.
[149] *Wolters/Gubitz*, S. 172.

scheid an den Antragsteller nach § 171 S. 1 StPO (wegen § 172 II 3 StPO ohne Belehrung) hingewiesen werden.

Wenn eine **Einstellung nach §§ 153 ff. StPO** erfolgt, sind die Voraussetzungen der jeweiligen Einstellungsnorm zu prüfen. Noch einmal sei darauf hingewiesen, dass – anders als bei der Klausur – beim Aktenvortrag die Anwendung der §§ 153 ff. StPO regelmäßig nicht ausgeschlossen ist. Hier kann der Kandidat zeigen, dass er praxisnahe Entscheidungen zu treffen in der Lage ist. Dies gilt insbesondere für die verfahrensvereinfachende Teileinstellung nach § 154 I StPO und die Beschränkung der Strafverfolgung nach § 154a StPO.[150] Durch die richtige Anwendung der letztgenannten Vorschriften kann der Bearbeiter außerdem zeigen, dass er die häufig als schwierig empfundene Materie der prozessualen Tat (§§ 155, 264 StPO) durchdrungen hat.[151] **115**

Wenn eine **Anklageerhebung** erfolgt, sind in erster Linie die folgenden Punkte zu bedenken und gegebenenfalls vorzutragen: sachliche und örtliche Zuständigkeit des Gerichts (eventl. auch Auswahl zwischen mehreren örtlich zuständigen Gerichten), bei Haftsachen die notwendigen Vermerke in der Anklageschrift (Nrn. 52 und 110 IV RiStBV), eventuell mit der Anklage zu stellende Anträge (z.B. § 141 III 2 i.V.m. §§ 140, 111a StPO) – hier sollte die Norm genannt und eine kurze Begründung gegeben werden. **116**

Wird statt einer Anklageerhebung ein **Antrag auf Erlass eines Strafbefehls** (§ 407 StPO) vorgeschlagen, sind die Voraussetzungen eines solchen Antrags zu erörtern.[152] Umgekehrt kann bei Anklageerhebung ein Strafbefehl erwogen und dargestellt werden, warum er nicht beantragt werden soll (vgl. insbesondere Nr. 175 III RiStBV). **117**

Entsprechend kann die Frage eines beschleunigten Verfahrens (§ 417 StPO) abgehandelt werden. Von diesem Verfahren sollte man eher zurückhaltend Gebrauch machen. Im Übrigen ist § 79 II JGG zu beachten.

F. Vollständiger Entscheidungsvorschlag

Wie bereits ausgeführt, findet der Aktenvortrag mit einem vollständigen Entscheidungsvorschlag seinen Abschluss. Hiervon muss der **118**

---

[150] Wie schon die Bezeichnung deutlich macht, handelt es sich bei der Entscheidung nach § 154a StPO nicht um eine Einstellung des Verfahrens.

[151] Vgl. hierzu *Meyer-Goßner/Schmitt*, § 264 Rn. 1 ff.

[152] Der Bearbeitervermerk erlässt regelmäßig Ausführungen zum Strafmaß.

gesamte der Staatsanwaltschaft zur Anzeige gebrachte Sachverhalt umfasst sein, sofern der Bearbeitervermerk nichts anderes zulässt. Es darf also keine prozessuale Tat unerledigt bleiben.

„Zusammenfassend schlage ich vor, gegen den Beschuldigten Klaumann Anklage beim Amtsgericht – Schöffengericht – Münster wegen räuberischen Diebstahls in Tateinheit mit gefährlicher Körperverletzung zu erheben und die Bestellung eines Pflichtverteidigers zu beantragen. Hinsichtlich des Beschuldigten Helfrich schlage ich vor, das Ermittlungsverfahren nach § 170 II 1 StPO einzustellen, den Beschuldigten hiervon in Kenntnis zu setzen und dem Anzeigeerstatter einen mit Beschwerdebelehrung versehenen Bescheid zu erteilen."

G. Sonstige Aufgabenstellungen

119 Auch im Rahmen der sonstigen Aufgabenstellungen[153] gilt der klassische Aufbau mit den geschilderten grundlegenden Regeln.

I. Klageerzwingungsverfahren

120 Im Falle eines Klageerzwingungsverfahrens (§§ 172 ff. StPO) wird der Vortrag im Grundsatz genauso aufgebaut wie bei der Prüfung einer Anklageerhebung. Es geht im Kern wieder um die Prüfung eines **hinreichenden Tatverdachts**. Ist die Entscheidung des Generalstaatsanwalts über die sog. Vorschaltbeschwerde (§ 172 I 1 StPO) vorzuschlagen, lautet die Einleitung:

„Ich berichte über eine Vorschaltbeschwerde, die im Jahr 2020 bei der Generalstaatsanwaltschaft Jena anhängig war."

Wurde bereits der Antrag auf gerichtliche Entscheidung (§ 172 II 1 StPO) gestellt, lautet die Einleitung entsprechend:

„Ich berichte über ein Klageerzwingungsverfahren, das im Jahr 2020 beim Kammergericht anhängig war."

Im **Sachbericht** werden neben dem ermittelten Sachverhalt die Einstellung und der Gang der Beschwerde mitgeteilt. Im Rahmen der **rechtlichen Würdigung** muss regelmäßig zu Fragen der Zulässigkeit Stellung genommen werden (Statthaftigkeit, § 172 II 3 StPO; Antrags-

[153] Zum Überblick über die Aufgabenstellungen Rn. 74.

berechtigung, § 172 I 1 StPO; Vorschaltbeschwerde, § 172 I 1 StPO; Zuständigkeit des OLG, § 172 II 1, 2 StPO; Form, § 172 III StPO; Frist, § 172 II 1, 2 StPO). In erster Linie können die Statthaftigkeit und die hohen Anforderungen, die die Oberlandesgerichte an Form und Inhalt des Antrags stellen[154], Probleme aufwerfen. Die Prüfung der Begründetheit (§§ 174, 175 StPO) verlangt wiederum eine Untersuchung des hinreichenden Tatverdachts (§§ 170 I, 203 StPO). Für den abschließenden Entscheidungsvorschlag kann man sich an den §§ 174, 175 StPO orientieren:

„Ich schlage vor, die Staatsanwaltschaft anzuweisen, gegen den Beschuldigten die öffentliche Klage wegen Betruges zu erheben."

II. Untersuchungshaft

Hat die Aufgabenstellung den **Antrag auf Erlass eines Haftbefehls** **121**
zum Gegenstand, ähnelt der Aufbau dem Vortrag, mit dem über eine staatsanwaltliche Abschlussentscheidung berichtet werden soll.

Hier einige Beispiele für mögliche Einleitungen:

„Ich trage über ein Ermittlungsverfahren vor, das 2020 bei der Staatsanwaltschaft Magdeburg anhängig war. Zu entscheiden ist, ob gegen den Beschuldigten Silvio Schmidt Antrag auf Erlass eines Haftbefehls zu stellen ist."

„In dem mir vorliegenden Fall geht es um die Frage, ob die Staatsanwaltschaft Trier gegen Sandro Schmidt aus Weimar Antrag auf Erlass eines Haftbefehls stellen soll. Der 33-jährige Tanzlehrer war von der Polizei vorläufig festgenommen worden, als er aus einem Juwelierladen flüchtete..."

„Es handelt sich um ein Ermittlungsverfahren der Staatsanwaltschaft Münster gegen den 25-jährigen Knut Zellhuber. Er ist von der Polizei vorläufig festgenommen worden und es ist zu entscheiden, ob gegen ihn Antrag auf Erlass eines Haftbefehls gestellt oder seine Freilassung angeordnet werden soll."

Der **Sachbericht** ist nach den allgemeinen Regeln zu gestalten. Insbesondere kann die genaue Darstellung von Einzelheiten der Übersichtlichkeit halber in die rechtliche Würdigung verschoben werden.

---

[154] Vgl. exemplarisch OLG Celle NStZ 1997, 406; OLG Stuttgart NStZ-RR 2005, 113.

Das gilt zum Beispiel hinsichtlich der Tatsachen, die zur Begründung des Haftgrundes herangezogen werden.

Der kurze Entscheidungsvorschlag könnte lauten:

„Ich schlage vor, Antrag auf Erlass eines Haftbefehls gegen den Beschuldigten wegen schwerer räuberischer Erpressung und versuchter gefährlicher Körperverletzung zu stellen."

Die **rechtliche Würdigung** muss sich mit den drei Voraussetzungen einer Anordnung der Untersuchungshaft gem. § 112 I StPO auseinandersetzen (dringender Tatverdacht, Haftgrund, Verhältnismäßigkeit). Hier liegt üblicherweise der Schwerpunkt der Darstellung.

Der vollständige Entscheidungsvorschlag wird sich wegen der regelmäßig gegebenen Einfachheit nicht wesentlich vom kurzen Entscheidungsvorschlag unterscheiden.

„Zusammenfassend schlage ich vor, die Vorführung des Beschuldigten beim Amtsgericht Neubrandenburg gem. § 128 StPO anzuordnen und Antrag auf Erlass eines Haftbefehls gegen den Beschuldigten wegen schwerer räuberischer Erpressung in Tateinheit mit versuchter gefährlicher Körperverletzung zu stellen."

121a Als weitere Fallkonstellation ist die **Stellungnahme der Staatsanwaltschaft zu einer Haftbeschwerde** des Beschuldigten (§§ 304, 33 II StPO) denkbar. Dann ist einerseits die Zulässigkeit dieses Rechtmittels zu prüfen (insbes. Statthaftigkeit und Beschwer, ferner §§ 117 II 1, 306 I StPO). Im Rahmen der Begründetheit sind die formellen und materiellen Voraussetzungen des (bereits erlassenen) Haftbefehls zu prüfen, wobei der Verteidiger des Beschuldigten i.d.R. neue Tatsachen oder Beweismittel vorgetragen haben wird. Im Übrigen ist das Beschwerdegericht[155] nicht an die Begründung des Haftbefehls gebunden und in seiner Prüfung nicht durch die Beschwerdebegründung beschränkt.[156] Auf entsprechenden Antrag der Staatsanwaltschaft kann das Beschwerdegericht den Haftbefehl auch neu fassen.[157]

[155] Das ist im Stadium des Ermittlungsverfahrens i.d.R. das Landgericht (§ 73 I GVG).

[156] KK/*Zabeck*, § 309 Rn. 6.

[157] OLG Brandenburg StV 1997, 140; OLG Düsseldorf NStZ-RR 1996, 267.

Kapitel 7. Vorträge aus richterlicher Sicht

A. Aufgabenstellungen

Aufgabenstellungen aus richterlicher Sicht können Entscheidungen (Beschlüsse oder Urteile) im Stadium des Ermittlungsverfahrens, des Zwischenverfahrens, des Hauptverfahrens sowie des Rechtsmittelverfahrens betreffen.[158] 122

Soweit im Rahmen dieser Aufgabenstellungen der Verdacht einer Straftat zu prüfen ist, muss darauf geachtet werden, dass je nach gesetzlichem Anknüpfungspunkt **unterschiedliche Verdachtsgrade** als Prüfungsmaßstab zugrunde zu legen sind.

Prüfungsrelevante richterliche Entscheidungen sind Beschlüsse nach §§ 203, 204, 205 StPO über die **Eröffnung des Hauptverfahrens** (B.).[159] Daneben ist an eine Entscheidung eines Oberlandesgerichts im Klageerzwingungsverfahren zu denken.[160]

Bedeutsam sind auch richterliche Entscheidungen im Zusammenhang mit **Zwangsmaßnahmen** (C.). Dazu gehören Entscheidungen, welche die Untersuchungshaft (§§ 112 ff. StPO) betreffen. Es kann auch die Entscheidung des Gerichts über die Anordnung anderer Zwangsmaßnahmen vorzuschlagen sein. Dazu gehören die Anordnung einer Durchsuchung (§§ 102 ff. StPO), Beschlagnahme (§§ 94 ff. StPO), Blutentnahme (§ 81a StPO) oder vorläufigen Entziehung der Fahrerlaubnis (§ 111 a StPO[161]).

Eher selten wird ein **Strafurteil** vorzuschlagen sein (D.). Hinweise zu revisionsrechtlichen Vorträgen werden in Kapitel 9 gegeben.

B. Eröffnung des Hauptverfahrens

Ist über die Eröffnung des Hauptverfahrens zu entscheiden, so enthält die Einleitung einen entsprechenden Hinweis und die Mitteilung, gegen wen welche Anklage erhoben worden ist. 123

[158] Nach Anklageerhebung wird das Verfahren als „Strafsache" bezeichnet.
[159] Eine Anordnung nach § 202 StPO ist in einem Vortragsaktenstück kaum zu erwarten.
[160] Vgl. hierzu die Hinweise im vorangegangenen Kapitel.
[161] Vgl. hierzu Übungsfall 3.

„Ich berichte über eine Anklage wegen dreißigfachen Diebstahls, die sich gegen Horst Klepto richtete und im Jahr 2019 bei dem Schöffengericht Darmstadt anhängig war. Es handelt sich um die Prüfung, ob das Hauptverfahren zu eröffnen ist."

„Zu entscheiden ist, ob das Hauptverfahren gem. § 203 StPO zu eröffnen ist. Die Staatsanwaltschaft Offenburg hat gegen den Arzt Jan-Richard Schnippel Anklage vor dem Amtsgericht – Schöffengericht – Offenburg wegen gefährlicher Körperverletzung in fünf Fällen erhoben."

„Der Aktenvortrag betrifft eine Strafsache beim Amtsgericht Jena aus dem Jahre 2020, in dem der Strafrichter über die Eröffnung des Hauptverfahrens aufgrund der Anklage der Staatsanwaltschaft Gera gegen die Angeklagte Sandy-Helena Landgraf zu entscheiden hatte."

Der Aufbau des Vortrages entspricht dem Vortrag über die Abschlussentscheidung der Staatsanwaltschaft. Im Kern geht es um die **Prüfung des hinreichenden Tatverdachts** (§ 203 StPO).[162] Wenn die Entscheidung über die Eröffnung des Hauptverfahrens vom Beschwerdegericht zu treffen ist (§ 210 II, III StPO) muss im Rahmen der Sachverhaltsdarstellung zusätzlich kurz die Ablehnung der Eröffnung und die Tatsache der – form- und fristgerecht eingelegten – Beschwerde mitgeteilt werden.

124 Das Gericht kann durch Beschluss das Hauptverfahren eröffnen (§ 203 StPO), nicht eröffnen (§ 204 StPO) oder das Hauptverfahren eröffnen und dabei die Anklage mit Änderungen zur Hauptverhandlung zulassen (§ 207 StPO). Daneben ist bei vorübergehenden, aber länger andauernden Verfahrenshindernissen eine vorläufige Einstellung (§ 205 StPO) möglich.[163] Falls die Anklage mehrere prozessuale Taten zum Gegenstand hat, kann der Beschluss jeweils unterschiedliche Entscheidungen beinhalten. Der Beschluss kann darüber hinaus eine Entscheidung über die Untersuchungshaft (§ 207 IV StPO) beinhalten.

Für einen Aktenvortrag werden regelmäßig solche Fälle ausgewählt, in denen das Ergebnis der Prüfung von den Annahmen der Staatsanwaltschaft – aus Rechtsgründen oder aus tatsächlichen Gründen – abweicht.

125 Der den Vortrag abschließende vollständige Entscheidungsvorschlag fällt in einfachen Fällen recht kurz aus und entspricht dann dem einleitenden kurzen Entscheidungsvorschlag.

---

[162] Übungsfall bei *Czellnik* JuS 2021, 69.

[163] Bei nicht behebbaren Verfahrenshindernissen gilt § 204 StPO.

„Ich schlage vor, das Hauptverfahren gegen Heinz Haue wegen des hinreichenden Tatverdachts auf Körperverletzung zu eröffnen."

„Ich schlage vor, die Eröffnung des Hauptverfahrens abzulehnen."

„Ich schlage vor, die Eröffnung des Hauptverfahrens gem. § 204 StPO aus Rechtsgründen abzulehnen."

Soll die Anklage mit Änderungen zur Hauptverhandlung zugelassen werden, richtet sich der Beschluss nach § 207 II StPO. Der entscheidende Passus des Beschlusstenors sollte dann ausformuliert vorgetragen werden. Eine wörtliche Übereinstimmung mit dem schriftlichen Text eines solchen Beschlusses ist aber nicht erforderlich.

„Zusammenfassend schlage ich folgenden Beschluss vor:

Die Anklage der Staatsanwaltschaft Kiel vom 17.04.2020 wird zur Hauptverhandlung vor dem Amtsgericht – Strafrichter – Kiel wegen der dem Angeklagten zur Last gelegten Tat vom 01.01.2020 mit der Maßgabe zugelassen, dass der Angeklagte des schweren Hausfriedensbruches in Tateinheit mit Beleidigung hinreichend verdächtig ist.

Im Übrigen wird die Eröffnung des Hauptverfahrens abgelehnt."

C. Anordnung von Zwangsmaßnahmen

Die **Untersuchungshaft (§ 112 StPO)** wird im Aktenvortrag in erster Linie aus staatsanwaltlicher oder anwaltlicher Sicht zum Prüfungsgegenstand gemacht. Aber auch richterliche Aufgabenstellungen sind denkbar. **126**

In verschiedenen Prozesssituationen muss sich ein Gericht mit den Voraussetzungen der Untersuchungshaft befassen. Zu nennen ist die Entscheidung

- über einen Antrag der Staatsanwaltschaft auf Erlass eines Haftbefehls[164]
- nach erfolgter Haftprüfung (§§ 117, 118 StPO)
- des Oberlandesgerichts gem. § 121 StPO
- des Beschwerdegerichts (entweder auf Beschwerde der Staatsanwaltschaft gegen die Ablehnung des Erlasses eines Haftbefehls oder

---

[164] *Rosenberger/Solbach/Wahrendorf*, S. 130: „Entscheidungen des erkennenden Gerichts über den Erlass eines Haftbefehls dürften kaum Gegenstand des Examensvortrags sein." Vgl. aber den Übungsfall bei *Grube* JA 2014, 207.

auf Beschwerde des Beschuldigten gegen den Erlass des Haftbefehls).[165]

127 *In all diesen Fällen bietet der Aufbau des Vortrags keine Schwierigkeiten. Im Rahmen der rechtlichen Würdigung müssen neben dem dringenden Tatverdacht der Haftgrund (§§ 112 II, III, 112a StPO), die Einschränkungen der §§ 112 I 2, 113 StPO und der Verhältnismäßigkeitsgrundsatz thematisiert werden.*

128 Soweit es um den Erlass eines Haftbefehls geht, richtet sich der Inhalt des Haftbefehls maßgeblich nach § 114 StPO. Der abschließende Entscheidungsvorschlag muss allerdings keinen vollständig ausformulierten Haftbefehl enthalten. So sind die im Haftbefehl anzuführenden Umstände (§ 114 II Nr. 2, 3 StPO) nur gestrafft mitzuteilen. Auch die im Haftbefehl gem. § 114 II Nr. 4 StPO anzugebenden Tatsachen fließen in den abschließenden Entscheidungsvorschlag nicht mit ein – dies ist im vorangegangenen Teil des Vortrags auszuführen.

„Ich schlage somit vor, gegen den Beschuldigten wegen der Veräußerung der 450 Kettensägen der Firma Baumab-GmbH am 21.12.2020 Haftbefehl wegen des dringenden Tatverdachts der Untreue nach § 266 StGB – Missbrauchstatbestand – zu erlassen. Es besteht Verdunklungsgefahr gem. § 112 II Nr. 2 StPO."

129 Bei der gerichtlichen **Überprüfung eines bereits erlassenen Haftbefehls**, etwa im Rahmen einer Haftprüfung oder nach erfolgter Haftbeschwerde, ist zu beachten, dass es für die Haftentscheidung immer auf die aktuelle Sachlage ankommt. Die nach Erlass eines Haftbefehls zu Tage getretenen Umstände sind also im Rahmen der neuen Haftentscheidung zu berücksichtigen. Die Entscheidungsmöglichkeiten des Gerichts sind dabei vielfältig. Der Haftrichter kann:
- den Haftbefehl aufrechterhalten,
- nach § 120 StPO aufheben,
- nach § 116 StPO außer Vollzug setzen,
- den Haftgrund ändern,
- einzelne Taten ausscheiden oder
- weitere Taten einbeziehen, wobei vor Erhebung der öffentlichen Klage die Einbeziehung weiterer Taten grundsätzlich nur auf Antrag der Staatsanwaltschaft zulässig ist, § 125 I StPO.

Auch soweit eine Entscheidung des Gerichts über die Anordnung **anderer Zwangsmaßnahmen** (z.B. Durchsuchung, §§ 102 ff. StPO; Beschlagnahme, §§ 94 ff. StPO; Blutentnahme § 81a StPO; vorläufige

[165] Vgl. auch oben Rn. 121a.

Entziehung der Fahrerlaubnis, § 111a StPO[166]) zum Thema gemacht wird, kann man sich am klassischen Aufbau des Aktenvortages orientieren.

Häufig wird sich die Prüfung auf die Untersuchung der prozessualen Fragen konzentrieren und in materieller Hinsicht kaum Probleme bereiten.

D. Strafurteil

Ein Aktenvortrag, in dem über eine Verurteilung zu entscheiden ist, **130**
war zwar schon Prüfungsthema, darf aber zu den „Exoten" gezählt werden.[167] Es gibt keine Besonderheiten beim Aufbau des Vortrags. Der Prüfungsmaßstab ergibt sich aus § 261 StPO (Überzeugung).

---

[166] Vgl. hierzu Übungsfall 3.

[167] Ein Beispiel findet sich bei *Schleif* JA 2007, 716.

Kapitel 8. Vorträge aus anwaltlicher Sicht

A. Aufgabenstellungen

Anwaltliche Aufgabenstellungen nehmen kontinuierlich zu. Durch **131**
Aktenvorträge aus der Sicht eines Rechtsanwalts wird dem stärkeren Gewicht der Anwaltstätigkeit in Ausbildung und Prüfung Rechnung getragen.

Das oben dargestellte **Grundschema** zum Aufbau eines Aktenvortrags bleibt auch in diesen Konstellationen erhalten, so dass der Kandidat nicht etwa parallel verschiedene Muster vorbereitet haben muss.

Die wesentlichen Unterschiede ergeben sich daraus, dass nicht die Entscheidung eines Rechtsstreits verlangt wird, sondern es um die einseitige Beratung und sachgerechte Interessenvertretung geht. Der Referendar soll sich in die Lage des bearbeitenden Anwalts hineinversetzen und die Erfolgsaussichten einer Vorgehensweise des Mandanten beurteilen.[168]

Die rechtlichen Anknüpfungspunkte und der Aufbau weichen nicht von den oben dargestellten Vorträgen aus staatsanwaltlicher bzw. richterlicher Sicht ab. Es können also im Kern ebenso Fragen des einfachen, hinreichenden und dringenden Tatverdachts zu erörtern sein.

In erster Linie ist an die Beratung bei Strafbefehlen (B.) zu denken. Des **132**
weiteren könnte die **Aufgabe** lauten, den Geschädigten zu beraten, ob eine Strafanzeige erstattet, gegen eine Einstellungsverfügung der Staatsanwaltschaft Beschwerde erhoben[169] oder gegen die ablehnende Entscheidung des Generalstaatsanwalts das Klageerzwingungsverfahren betrieben werden kann bzw. soll. Weiterhin kann es darum gehen, in einer Schutzschrift zu den erhobenen Vorwürfen in tatsächlicher bzw. rechtlicher Sicht für den Beschuldigten Stellung zu nehmen und z.B. die Aufhebung eines Haftbefehls (C.) oder die Einstellung des Verfahrens zu beantragen oder Beschwerde gegen eine Haftentscheidung einzulegen.

Hinweise zu revisionsrechtlichen Vorträgen finden Sie im 9. Kapitel.

---

[168] Merkblatt des Gemeinsamen Prüfungsamtes Berlin/Brandenburg.

[169] Übungsfall bei *Gömöry/Felder* JA 2012, 131.

B. Beratung bei Strafbefehlen[170]

133 Beispiel für eine Einleitung:

„Ich berichte über eine strafrechtliche Anwaltsberatung aus dem Jahre 2020 durch den Rechtsanwalt Jörg D. Reiter aus Braunschweig."

Im **Sachbericht** wird der Sachverhalt so geschildert, wie er sich aus Anwaltssicht als geschehen darstellt. Da für einen Strafbefehl hinreichender Tatverdacht ausreicht, sollte der Sachbericht folgendermaßen eingeleitet werden:

„Der Sachverhalt, der sich aus dem Mandantengespräch vom 20.11.2020, dem Strafbefehl des Amtsgerichts Tettnang sowie der Strafakte der Staatsanwaltschaft Ravensburg ergibt, stellt sich wie folgt dar."

Im Rahmen der **rechtlichen Würdigung** sind häufig Zulässigkeitsfragen zu erörtern. Es dürfen aber – wie bei allen Aktenvorträgen – nur wirklich problematische Punkte angesprochen werden. Die materiellrechtliche Prüfung bereitet regelmäßig keine Probleme, da der Kandidat durch den Strafbefehl zumeist auf die relevanten Fragen gestoßen wird.[171]

Unter **Zweckmäßigkeitsgesichtspunkten** kann es erforderlich sein, den Mandanten darauf hinzuweisen, dass es beim Einspruch gegen einen Strafbefehl grundsätzlich kein Verbot der reformatio in peius gibt (§ 411 IV StPO).[172] Anders ist es, wenn der Einspruch auf die Höhe der Tagessätze beschränkt wird (§ 411 I 3 StPO).

Der vollständige Vorschlag am Vortragsende lautet z.B.:

„Ich schlage vor, sich für den Mandanten unter Vollmachtsüberreichung beim Amtsgericht Berlin-Tiergarten als Verteidiger zu bestellen und gegen den Strafbefehl vom 17.12.2020 in vollem Umfang Einspruch einzulegen."

„Ich schlage vor, gegen den Strafbefehl vom 17.12.2020 unter Beschränkung auf ... Einspruch einzulegen."

---

[170] Vgl. hierzu Übungsfall 4.

[171] *Dinter/David* JA 2012, 281 (284), schlagen vor, die Zulässigkeit des Einspruchs erst nach den materiell-rechtlichen Erwägungen zu prüfen, weil sonst die Gefahr falscher Schwerpunktsetzung bestehe.

[172] KK/*Maur*, § 411 Rn. 34.

C. Untersuchungshaft[173]

Strafrechtliche Aktenvorträge, bei denen ein haftrechtlicher Sachverhalt aus Anwaltssicht zu begutachten ist, waren bereits mehrfach Gegenstand des Zweiten Staatsexamens. 133a

Im Zusammenhang mit einem gegen den Mandanten erlassenen **Haftbefehl** kann zu überprüfen sein, ob die erfolgte Anordnung der Untersuchungshaft mit Aussicht auf Erfolg angegriffen werden kann.

Beispiel für eine Einleitung:

„Es handelt sich um die anwaltliche Beratung einer Beschuldigten. Dem Vortrag liegt ein Ermittlungsverfahren der Staatsanwaltschaft Gera zugrunde, im dem vom Amtsgericht Weimar gegen die 17-jährige Luise Miller Haftbefehl wegen Untreue erlassen worden ist."

Für den **Sachbericht** gelten die allgemeinen Regeln. So kann die genaue Darstellung von Einzelheiten in die rechtliche Würdigung verschoben werden. Das gilt etwa für Tatsachen, die zur Begründung des Haftgrundes herangezogen werden.

Der kurze Entscheidungsvorschlag könnte wie folgt lauten:

„Ich schlage vor, der Mandantin zu raten, Haftprüfung zu beantragen."

In der **rechtlichen Würdigung** ist zu überprüfen, ob die Voraussetzungen für den Erlass des Haftbefehls vorliegen – dringender Tatverdacht, Haftgrund, Verhältnismäßigkeit (§ 112 I StPO) – oder ob Gründe vorliegen, die dazu führen, dass der Haftbefehl aufzuheben oder nach § 116 StPO außer Vollzug zu setzen ist. Dabei ist immer die aktuelle Sachlage entscheidend.[174] Es sind bei der rechtlichen Bewertung auch Umstände zu berücksichtigen, die erst nach Erlass des Haftbefehls eingetreten sind. Selbst wenn ursprünglich alle Voraussetzungen für den Erlass eines Haftbefehls vorgelegen haben und der Haftbefehl somit fehlerfrei erlassen wurde, kann er nun aufzuheben (außer Vollzug zu setzen, etc.) sein, wenn sich die Sachlage nachträglich geändert hat. Es geht bei der Überprüfung nicht um die Frage, ob der Haftbefehl ursprünglich zulässig war, sondern darum, ob er noch zulässig ist.

Die statthaften **Rechtsbehelfe** sind die Haftprüfung (§ 117 I StPO) 133b
und die Haftbeschwerde (§ 304 StPO). Die Haftprüfung ist dabei nur zulässig, wenn der Haftbefehl gerade in Vollzug ist. Ein außer Vollzug

---

[173] Vgl. Übungsfall 6.

[174] Siehe schon oben Rn. 129.

gesetzter Haftbefehl ist nur mit der Beschwerde angreifbar. Neben einem Antrag auf Haftprüfung ist die Beschwerde unzulässig, § 117 II 1 StPO (Vorrang der Haftprüfung). Eine etwa zuvor eingelegte Beschwerde wird ab dem Zeitpunkt unzulässig, in dem Haftprüfung beantragt wird. Gegen die Entscheidung im Rahmen einer Haftprüfung kann aber immer noch Beschwerde eingelegt werden, § 117 II 2 StPO.

Soweit beide Rechtsbehelfe zulässig sind, kann abzuwägen sein, welcher Rechtsbehelf zweckmäßiger ist. Bei dieser **Zweckmäßigkeitsprüfung** sind das Begehren des Mandanten und die im Sachverhalt geschilderten Tatsachen auszuwerten.

Bedeutsam in diesem Zusammenhang ist, dass die Haftprüfung – anders als die Beschwerde – auf Antrag zwingend mündlich durchzuführen ist, § 118 I StPO. Das ist von Vorteil, wenn der persönliche Eindruck des Haftrichters vom Mandanten wichtig erscheint. Die Persönlichkeit des Beschuldigten spielt z.B. bei der Beurteilung der Fluchtgefahr eine wesentliche Rolle. Auch kann das persönliche Vorbringen neuer Tatsachen durch den Beschuldigten überzeugender wirken als die lediglich schriftliche Erörterung durch den Verteidiger. Auch Zeugenvernehmungen sind in einer mündlichen Verhandlung möglich.

Während für die Haftprüfung der Haftrichter zuständig ist, § 126 I 1 StPO, erfolgt die Entscheidung über die Haftbeschwerde (soweit ihr nicht nach § 306 II StPO abgeholfen wird) durch das übergeordnete Beschwerdegericht, § 73 I GVG, also durch andere Richter. Daher erscheint die Beschwerde zweckmäßiger, wenn lediglich neue Tatsachen oder Beweise vorgetragen werden sollen oder Rechtsfragen im Vordergrund stehen oder wenn aus dem Begehren des Mandanten der Wunsch nach einem neuen Richter deutlich wird.[175]

Der vollständige Entscheidungsvorschlag wird sich nicht wesentlich vom kurzen Entscheidungsvorschlag unterscheiden. Man kann ihn in der gebotenen Kürze um Fragen der Form und Zuständigkeit ergänzen.[176]

---

[175] Vgl. Übungsfall 6.
[176] Vgl. Übungsfall 6.

Kapitel 9. Revisionsrechtliche Vorträge

A. Aufgabenstellungen

Bei revisionsrechtlichen Aktenvorträgen[177] geht es um eine anwaltliche Beratung, um die Prüfung durch die Staatsanwaltschaft oder um die Prüfung durch das Revisionsgericht. Im Examen sind die anwaltliche und richterliche Aufgabenstellung am ehesten zu erwarten. **134**

Die Bearbeitung des Aktenstücks, der Aufbau und der wesentliche Inhalt des Vortrags sind in sämtlichen Vortragsvarianten gleich. Lediglich die Formulierung muss bei der Einleitung und den Entscheidungsvorschlägen an den jeweiligen Blickwinkel angepasst werden.

B. Einleitung

In der Einleitung ist mitzuteilen, wer gegen welche Entscheidung Revision eingelegt hat bzw. einlegen möchte. **135**

„Ich berichte über eine Strafsache, die im Jahr 2020 beim Oberlandesgericht Jena anhängig war. Zu entscheiden ist über eine Revision der Staatsanwaltschaft gegen ein Urteil der Berufungskammer des Landgerichts Erfurt."

„Vorliegend geht es um die anwaltliche Beratung eines Angeklagten über die Erfolgsaussichten einer Revision gegen das Urteil des Amtsgerichts – Schöffengericht – Freiburg aus dem Jahre 2020."

„Das vorliegende Strafverfahren stand im Jahre 2019 auf die Revision des Angeklagten vor dem Oberlandesgericht Hamm zur Entscheidung an."

C. Sachbericht

Im Sachbericht werden zunächst die angefochtene bzw. anzufechtende Entscheidung und die wesentlichen tatsächlichen Feststellungen **136**

---

[177] Das Gleiche gilt für Vorträge über Rechtsbeschwerden. Zu Klausurvarianten vgl. auch *Sobota/Wipplinger*, Rn. 301 ff.

dargestellt. Der Sachverhalt ist dabei als feststehend zu schildern, so wie ihn das erkennende Gericht gesehen hat. Das Revisionsgericht ist an diese tatsächlichen Feststellungen gebunden. Zeugenaussagen und Einlassungen sind daher nicht aufzuführen. Weiter ist die Verurteilung mitzuteilen. Anschließend ist bei einer anwaltlichen Beratung das Vorbringen des Mandanten und im Fall einer revisionsgerichtlichen Prüfung der Gang der Revisionseinlegung und das Vorbringen des Revisionsführers – wenigstens der Art nach (Verfahrensrüge, Sachrüge) – darzustellen. Detaillierte Rechtausführungen des Gerichts oder der Revisionsbegründung gehören nicht in den Sachbericht sondern in die rechtliche Würdigung, auf die man verweisen kann.

„Der Angeklagte ist durch Urteil der 3. Großen Strafkammer des LG Bielefeld vom 7.1.2021 wegen Untreue zu einer Freiheitsstrafe von 2 Jahren und 5 Monaten verurteilt worden. Gegen das am 28.1.2021 zugestellte Urteil hat der Verteidiger des Angeklagten am 11.1.2021 frist- und formgerecht Revision eingelegt und diese – ebenfalls frist- und formgerecht – am 11.2.2021 begründet. Er rügt ausschließlich die Verletzung formellen Rechts und zwar in zwei Punkten: (1) In der Hauptverhandlung vom 7.1.2021 habe er folgenden Beweisantrag gestellt: (... wörtliche Wiedergabe ...). Dieser Beweisantrag ist von der Strafkammer am 7.1.2021 mit folgendem Beschluss zurückgewiesen worden: (... wörtliche Wiedergabe ...). Das von beiden Protokollpersonen, dem Vorsitzenden und dem Protokollführer ordnungsgemäß unterzeichnete Protokoll der Hauptverhandlung enthält den Wortlaut des von mir berichteten Beweisantrages und des Beschlusses der Strafkammer.“[178]

D. Kurzer Entscheidungsvorschlag

137 Der Pauschalvorschlag informiert grob über das gefundene Ergebnis:

„Ich schlage vor, gegen das Urteil des Schöffengerichts Wiesbaden Revision einzulegen.“

„Ich schlage vor, das Urteil des Amtsgerichts Chemnitz wegen mehrerer Verstöße gegen materielles Recht aufzuheben und den Angeklagten freizusprechen.“

---

[178] Beispiel nach *Solbach* JA 1995, 226 (228).

E. Rechtliche Würdigung

Die rechtliche Würdigung entspricht inhaltlich dem Vorgehen in einer Klausur. Zu prüfen sind die Zulässigkeit und die Begründetheit der Revision. Bei Vorträgen aus anwaltlicher Sicht kommen gegebenenfalls noch Zweckmäßigkeitserwägungen hinzu. **138**

I. Zulässigkeit

Zumeist muss sich die rechtliche Würdigung mit Zulässigkeitsfragen auseinandersetzen. Aber auch hier gilt: nur wirklich problematische Punkte sind zu erwähnen. Wie in der Assessorklausur ist auch beim Aktenvortrag davon auszugehen, dass die Revision im Ergebnis zulässig ist.[179] Zwar sind wegen der Kürze der Vortragszeit auch Fälle denkbar, die sich ausschließlich um Zulässigkeitsfragen drehen. Im Aktenauszug sollte dies jedoch deutlich werden, indem materiellrechtliche Probleme weitestgehend ausgeblendet werden. **139**

Die Zulässigkeitsvoraussetzungen sind in den allgemeinen Vorschriften zu den Rechtsmitteln (§§ 296 ff. StPO) und in den speziellen Vorschriften zur Revision (§§ 333 ff. StPO) geregelt. Folgende Prüfungspunkte und Normen der StPO sind hervorzuheben:

Prüfungsschema: Zulässigkeit einer Revision

1. Statthaftigkeit (§§ 312 f., 333, 335; evtl. § 55 II 1 JGG)
2. Revisionsberechtigung (§§ 296 I, 297, 298, 390 I, 401)
3. Beschwer
4. Weder Rechtsmittelverzicht noch Rücknahme (§ 302)
5. Adressat, Form und Frist der Revisionseinlegung (§§ 341, 299)
6. Adressat, Form und Frist der Revisionsbegründung (§§ 344, 345 I, 299)

Die im Rahmen der Zulässigkeit zu prüfende **Beschwer** beinhaltet regelmäßig keine rechtlichen Probleme. Insoweit treten aber gelegentlich Verständnisprobleme auf, da auch im Rahmen der Begründetheitsprüfung von einer „Beschwer" gesprochen wird. Die zu den allgemeinen Zulässigkeitsvoraussetzungen einer Revision gehörende Beschwer liegt vor, wenn der Rechtmittelführer durch den Entscheidungsausspruch in seinen Rechten oder schutzwürdigen Interessen unmittelbar **140**

[179] Zur Klausur: *Sobota/Wipplinger*, Rn. 8 f.

beeinträchtigt wird.[180] Davon zu unterscheiden ist die Frage, ob der Revisionsführer durch die Verletzung einer bestimmten Rechtsnorm beschwert ist. Jeder Beteiligte kann die Revision nur auf solche Verfahrensfehler stützen, die ihn selbst beschweren.[181] Diese Frage gehört in die Begründetheitsprüfung und ist dort im Rahmen der Prüfung der jeweiligen Gesetzesverletzung zu thematisieren (dazu unten).

141 Soweit die Wirksamkeit eines **Rechtsmittelverzichts**[182] in einem Aktenvortrag thematisiert wird, sollte man die Neuregelung des § 302 I StPO im Auge behalten. Gem. § 302 I 2 StPO ist ein Verzicht ausgeschlossen, wenn dem Urteil eine Verständigung (§ 257c StPO) vorausgegangen ist.

142 Wie die §§ 346 I und 349 I StPO deutlich machen, ist die Revision bereits unzulässig, wenn die **Form-** und **Fristvorschriften** über die **Einlegung** und **Begründung** der Revision (§§ 341, 344, 345 StPO) nicht beachtet werden. Insbesondere die richtige Form der Revisionsbegründung ist also bereits eine Zulässigkeitsvoraussetzung. Hier liegt die in der Praxis wesentliche Zulässigkeitshürde. Während die Sachrüge recht einfach zu begründen ist („Ich rüge die Verletzung materiellen Rechts"), stellt § 344 II 2 StPO an die Form einer Verfahrensrüge sehr hohe Anforderungen (dazu unten). Nicht wenige Verfahrensrügen scheitern an dieser – examenswichtigen – Vorschrift. Dennoch ist es bei einer richterlichen Aufgabenstellung im Rahmen der Zulässigkeitsprüfung nicht notwendig, jede einzelne vorgebrachte Rüge daraufhin zu untersuchen, ob sie der gesetzlich vorgeschriebenen Form entspricht. Es reicht an dieser Stelle aus, dass mindestens eine Rüge in der richtigen Form erhoben worden ist. Soweit also z.B. die allgemeine Sachrüge erhoben worden ist, erübrigen sich zunächst weitere Ausführungen zur Form der Revisionsbegründung. Die Einhaltung der Form der einzelnen Verfahrensrügen wird dann erst im Rahmen der Begründetheit angesprochen.

II. Begründetheit

143 Für den Einstieg in die Begründetheitsprüfung sollte man sich strikt am Gesetz, also an der Systematik des **§ 337 I StPO** orientieren: eine Revision ist danach begründet, wenn das Gesetz verletzt ist und das Urteil auf dieser Verletzung beruht.

Eine solche Gesetzesverletzung liegt nach § 337 II StPO vor, wenn eine „Rechtsnorm nicht oder nicht richtig angewendet worden ist."

---

[180] Vgl. zu den Einzelheiten *Meyer-Goßner/Schmitt*, vor § 296 Rn. 8 ff.

[181] Vgl. hierzu *Meyer-Goßner/Schmitt*, § 337 Rn. 18 m.w.N.

[182] Vgl. zu den Einzelheiten *Meyer-Goßner/Schmitt*, § 302 Rn. 13 ff.

Dabei kann es sich gem. § 344 II 1 StPO um die „Verletzung einer Rechtsnorm über das Verfahren" oder um die „Verletzung einer anderen Rechtsnorm" handeln. Demgemäß unterscheidet man zwischen Verfahrens- und Sachrügen. Zum Verfahrensrecht gehören – unabhängig vom Ort der Regelung – alle Vorschriften, die festlegen, auf welchem Weg der Richter zu seinem Urteil zu gelangen hat, während alle anderen Vorschriften dem sachlichen Recht angehören.[183] In Klausuren und Aktenvorträgen ist folgende **Faustregel** praktikabel: die Verletzung sachlichen Rechts ergibt sich schon aus dem Text des Urteils, die Verletzung des Verfahrensrechts kann man nur unter Berücksichtigung des Protokolls erkennen.[184] Im Übrigen hilft die Kommentierung der jeweiligen Vorschrift weiter, die nur im Falle einer Verfahrensnorm besondere Hinweise zum Revisionsvorbringen enthält.[185] Die Unterscheidung zwischen Verfahrens- und Sachrüge ist wichtig, weil der bereits angesprochene § 344 II 2 StPO für Verfahrensrügen strenge Formerfordernisse aufstellt.

Im Rahmen der Revisionsbegründung gilt i.Ü. der Grundsatz „falsa **144**
demonstratio non nocet". Ob das Revisionsgericht also eine Sachrüge oder eine Verfahrensrüge (mit den strengeren Voraussetzungen) prüft, hängt nicht von der Bezeichnung der Rüge durch den Revisionsführer ab. Entscheidend ist der Begründungsinhalt. Eine als solche bezeichnete „Sachrüge" kann demnach eine Verfahrensrüge enthalten und umgekehrt. Während aber eine „Verfahrensrüge" häufig die dürftigen essentialia negotii der Sachrüge enthalten wird, ist dies umgekehrt eher nicht der Fall.

Einen groben Überblick zur Begründetheitsprüfung verschafft das **145**
folgende

Prüfungsschema: Begründetheit einer Revision

1. Prozessvoraussetzungen/~hindernisse

Prüfung von Amts wegen

2. Verfahrensrüge *(ausführliches Schema unten Rn. 156)*

a) Gesetzesverletzung

b) Beruhen

3. Sachrüge

a) Gesetzesverletzung

b) Beruhen

---

[183] BGHSt 19, 273 (275).

[184] *Wolters/Gubitz*, S. 154.

[185] Vgl. z.B. *Meyer-Goßner/Schmitt,* § 136 Rn. 27.

1. Prozessvoraussetzungen und Prozesshindernisse

146 Prozessvoraussetzungen und Prozesshindernisse[186] muss das Revisionsgericht auch ohne ausdrückliche Rüge **von Amts wegen** prüfen.[187] Diese Punkte prüft das Gericht also schon dann, wenn nur die Sachrüge wirksam erhoben worden ist. Bei problemlosen Fallgestaltungen genügt ein kurzer Hinweis. Soweit ein Berufungsurteil Gegenstand der Revision ist, gehört an diese Stelle auch die Prüfung, ob die vorherige Berufung zulässig war.

Ist trotz eines entgegenstehenden Verfahrenshindernisses ein Sachurteil gefällt worden, so liegt darin eine Verletzung der Norm, die für diesen Fall ein Prozessurteil vorsieht. Das Sachurteil beruht in diesem Fall stets auf dieser Gesetzesverletzung, da die Entscheidung ohne den Verstoß anders, und zwar in Gestalt eines Einstellungsurteils ausgefallen wäre.

147 Auch wenn der Bearbeiter meint, das Verfahren müsse wegen Fehlens einer Prozessvoraussetzung bzw. wegen Vorliegens eines Prozesshindernisses eingestellt werden, sollte die Begründetheitsprüfung – schon aus prüfungstaktischen Gründen – weitergeführt werden. Bei Vorträgen aus anwaltlicher Sicht versteht sich das von selbst, denn das Gericht muss der Ansicht des Anwalts nicht zwangsläufig folgen. Dann ist es zum einen besser, weitere „Pfeile im Köcher“ zu haben. Zum anderen könnte die unnötige Beschränkung der Revision zu einer für den Mandanten ungünstigen Gestaltung des Verfahrens führen, sodass eine Verletzung anwaltlicher Pflichten im Raum steht.

2. Verfahrensrüge

148 Der Schwerpunkt des Vortrages wird häufig im Rahmen der Begründetheit auf der Prüfung eventueller **Verfahrensfehler** liegen.

Es ist häufig schwierig, Verfahrensfehler überhaupt zu erkennen. Die Zahl möglicher Verfahrensfehler ist unübersehbar groß und entspricht theoretisch der Zahl der geltenden Verfahrensnormen. Zwei Punkte sollten den Examenskandidaten aber beruhigen. Erstens werden immer wieder verfahrensrechtliche Standardprobleme geprüft. Mit diesen für Examensaufgaben „klassischen“ Revisionsproblemen sollte man sich im Rahmen der Examensvorbereitung befassen.[188] Zweitens

---

[186] Eine Zusammenstellung findet sich bei *Meyer-Goßner/Schmitt*, Einl. Rn. 141–149a.

[187] BGH NJW 1954, 1776; BGH 1967, 1476.

[188] Eine Übersicht über häufig vorkommende verfahrensrechtliche Probleme findet man z.B. in *Ebert/Gregor/Günter*, S.190 oder in *Vollmer/Heidrich/Neher*, S. 233 ff.

finden sich regelmäßig in der Akte deutliche Hinweise, wo ein Verfahrensfehler vorliegen könnte.

Während man bei einer anwaltlichen Beratung die Akte systematisch nach Verfahrensfehlern zu durchkämmen hat, wird man sich bei revisionsrichterlicher Prüfung in erster Linie den vorgebrachten Rügen widmen. Dabei ist zunächst zu untersuchen, ob die Rüge in zulässiger **Form** erhoben wurde, d.h. ob sich aus den in der Revisionsbegründung angegebenen Tatsachen ein Verfahrensfehler ergibt (§ 344 II 2 StPO!). Diese Prüfung muss bei jeder einzelnen Verfahrensrüge vorgenommen werden.[189] **149**

Hat man einen Verfahrensverstoß festgestellt, so muss an die Möglichkeit einer **Heilung**[190] gedacht werden. Dies geschieht je nach Fehler durch Nachholung, Wiederholung, Rücknahme oder Nichtberücksichtigung des Verfahrensvorganges. **150**

Des Weiteren müssen die den Verstoß begründenden Tatsachen für die revisionsgerichtliche Entscheidung feststehen, d.h. der Verfahrensverstoß muss **bewiesen** sein. Die Prozessvoraussetzungen prüft das Revisionsgericht selbständig im Freibeweisverfahren.[191] Dabei genügt zumeist die Möglichkeit, dass sie (nicht) gegeben sind, wenn sich bei den Beweiserhebungen durch das Gericht sichere Feststellungen nicht treffen lassen.[192] Bei Tatsachen, die sowohl für die Verfahrensfragen also auch für die Schuld- und Rechtsfolgenfragen von Bedeutung sind (sog. doppelrelevante Tatsachen), ist das Revisionsgericht an die Feststellungen, die der Tatrichter zum Schuldspruch im Strengbeweisverfahren getroffen hat, gebunden.[193] **151**

Je nachdem, ob Verfahrensvorgänge zu den wesentlichen Förmlichkeiten des Verfahrens gehören oder nicht, müssen Verfahrensfehler im Strengbeweisverfahren (Beweis in erster Hinsicht durch das Protokoll, § 274 I StPO) oder im Freibeweisverfahren festgestellt werden.

Der Revisionsführer kann erfolgreich nur solche Verfahrensfehler rügen, die ihn selbst **beschweren**.[194] Auf Verstöße, die nur andere Beteiligte betreffen, kann er die Revision nicht stützen. **152**

Trotz bestehender Beschwer ist die Revision unbegründet, wenn der gerügte Verfahrensverstoß kein **Verwertungsverbot** nach sich zieht. **153**

---

[189] Hinweise zum notwendigen Revisionsvorbringen finden sich jeweils am Ende der Kommentierung einer Verfahrensvorschrift.

[190] Vgl. hierzu *Meyer-Goßner/Schmitt*, Einl. Rn. 159 und Rn. 34, § 52, Rn. 31, § 136 Rn. 9, § 207 Rn. 12, § 337 Rn. 39, § 338 Rn. 3.

[191] *Meyer-Goßner/Schmitt*, Einl. Rn. 152.

[192] Das gilt nicht für die Frage der Verhandlungsfähigkeit.

[193] *Meyer-Goßner/Schmitt*, § 337 Rn. 6.

[194] *Meyer-Goßner/Schmitt*, § 337 Rn. 18.

Lesenswert hierzu: *Meyer-Goßner/Schmitt,* Einl. Rn. 55–57c.

Nützliche Hinweise zu den Verwertungsverboten finden sich darüber hinaus jeweils am Ende der Kommentierung der einzelnen Verfahrensnormen.[195]

Einzelne Verwertungsverbote sind gesetzlich geregelt.[196] Darüber hinaus wurden allgemeinverbindliche Regeln bisher nicht entwickelt. Hier sollte man die von der Rechtsprechung vertretene „**Abwägungslehre**" kennen.[197] Danach wird im Einzelfall nach der Sachlage und der Art des Verbotes entschieden. Das staatliche Aufklärungsinteresse ist gegen das Individualinteresse des Bürgers an der Bewahrung seiner Rechtsgüter abzuwägen.[198] Je nach Verstoß werden dabei unterschiedliche Argumente in den Vordergrund gestellt. Ein Verstoß gegen Normen, die ausschließlich dem Interesse des Staates (§§ 54, 96 StPO) oder dritter Personen (§§ 55, 81 c StPO) dienen, führt nicht zu einem Verwertungsverbot (sog. **Rechtskreistheorie**). An anderer Stelle wird ein Verwertungsverbot mit dem Argument abgelehnt, dass die verletzte Norm eine bloße **Ordnungsvorschrift** darstellt.[199] Teilweise wird danach differenziert, ob es sich um einen besonders **schwerwiegenden** – bewussten oder willkürlichen – **Verstoß** handelt[200] und für die Beurteilung der Schwere des Verstoßes auch untersucht, ob der Eingriff hätte rechtmäßig erfolgen können (sog. **hypothetischer Ersatzeingriff**).[201] Auch die von der Rechtsprechung für einzelne Normen entwickelte **Widerspruchslösung** sollte man berücksichtigen.[202]

154 Eine Verfahrensrüge kann weiterhin an einem **Rügeverlust** durch Zeitablauf[203], Verwirkung oder Verzicht[204] scheitern. Verwirkung ist möglich durch Nichtbeanstandung von Anordnungen des Vorsitzenden nach § 238 II StPO (sog. Zwischenrechtsbehelf[205]) oder durch arglistiges Verhalten.[206]

---

[195] Vgl. z.B. *Meyer-Goßner/Schmitt*, § 52 Rn. 32 ff.
[196] Z.B. §§ 69 III, 136a III 2, 100c V 3, 252 StPO.
[197] Vgl. hierzu *Meyer-Goßner/Schmitt*, Einl. Rn. 55a.
[198] BGH NJW 2008, 1090.
[199] Vgl. *Meyer-Goßner/Schmitt*, § 257 Rn. 9, § 68 Rn. 23, § 68a Rn. 9, § 69 Rn. 14.
[200] *Meyer-Goßner/Schmitt*, § 94 Rn. 21.
[201] Wie vor.
[202] Vgl. z.B. *Meyer-Goßner/Schmitt*, § 36 Rn. 25.
[203] Siehe §§ 6a, 16, 25, 217 III, 218 S. 2, 246 II StPO.
[204] Die in § 338 StPO enthaltenen Verfahrensrechte und solche von ähnlichem Gewicht sind unverzichtbar.
[205] *Meyer-Goßner/Schmitt*, § 238 Rn. 22.
[206] *Meyer-Goßner/Schmitt*, § 337 Rn. 47.

Das Urteil **beruht** auf einer Gesetzesverletzung, wenn es ohne sie in einem rechtsfehlerfreien Verfahren möglicherweise anders ausgefallen wäre. Dieses Beruhen wird bei den in § 338 Nrn. 1–7 StPO geregelten Verfahrensfehlern (= absolute Revisionsgründe) unwiderleglich vermutet: nach § 338 StPO ist das Urteil in diesen Fällen „stets als auf einer Verletzung des Gesetzes beruhend anzusehen". Bei allen anderen Verfahrensfehlern (inklusive § 338 Nr. 8 StPO) und bei allen sachlich-rechtlichen Fehlern muss das Beruhen immer geprüft werden (= relative Revisionsgründe). Ausführungen zum Beruhen sind zwar – entgegen dem Wortlaut in § 337 StPO – in einer Revisionsbegründung nicht notwendig. Diese Frage prüft der Senat von Amts wegen. Dennoch sollte in Aktenvorträgen aus Anwaltssicht das Beruhen kurz angesprochen und begründet werden. **155**

Für die Prüfung einer Verfahrensrüge empfiehlt sich zusammenfassend folgender Prüfungsablauf, der gedanklich für jede einzelne Rüge nachvollzogen werden sollte. Im Vortrag legt man den Schwerpunkt auf die jeweils entscheidenden Punkte. **156**

Prüfungsschema: Prüfung einer Verfahrensrüge

(1) Liegt ein revisibler Verfahrensverstoß vor?

a) Rügeerhebung in zulässiger Form gem. § 344 II 2 StPO

b) Wurde eine Norm über das Verfahren nicht richtig angewendet?

- *Subsumtion*
- *Heilung*

c) Beweis(-barkeit)

d) Kann sich der Revisionsführer darauf berufen?[207]

- *Beschwer*
- *Verwertungsverbot → Abwägungslehre*
  Einzelfragen: – *Rechtskreistheorie*
  – *bloße Ordnungsvorschrift*
  – *hypothetische Ersatzmaßnahme*
  – *Widerspruchslösung*
- *Rügeverlust*
  - *Zeitablauf (Rügepräklusion)*
  - *Verwirkung*

[207] Hinweise zur Revisibilität finden sich jeweils am Ende der Kommentierung einer Verfahrensvorschrift.

– *durch Nichtbeanstandung von Anordnungen des Vorsitzenden nach § 238 II StPO (sog. Zwischenrechtsbehelf)*
– *arglistiges Verhalten*
– *wirksamer Verzicht auf die Einhaltung der Norm*

(2) Beruhen
– absolute Revisionsgründe (§§ 337, 338 Nr. 1–7 StPO)
– *das „Beruhen“ wird unwiderleglich vermutet*
– relative Revisionsgründe (§§ 337, 338 Nr. 8 StPO)

3. Sachrüge

157 Die Prüfung der Sachrüge (§ 337 StPO) bereitet regelmäßig keine Probleme, da Rechtsfehler des erstinstanzlichen Gerichts meist offensichtlich sind.

Dabei geht es um die Frage, ob das Gericht das **materielle Recht** auf den von ihm festgestellten Sachverhalt richtig angewendet hat. Arbeitsgrundlage für die Prüfung ist allein das im Aufgabentext abgedruckte Urteil, in erster Linie die Urteilsgründe und der Urteilstenor.

Sachlich-rechtliche Fehler können in erster Linie in der Beweiswürdigung, der rechtlichen Würdigung und der Strafzumessung enthalten sein. Einen schnellen Überblick über mögliche Fehler kann man sich durch die Lektüre von *Meyer-Goßner/Schmitt,* § 337 Rn. 20–35a verschaffen. Man sollte nicht vorschnell Fehler in der Beweiswürdigung (der „Domäne des Tatrichters“) annehmen. Hier sind wegen der eingeschränkten Überprüfung auf Rechtsfehler (Widersprüchlichkeit, Lückenhaftigkeit, Verstoß gegen Denk- und Erfahrungssätze) nur selten Ansatzpunkte für eine erfolgreiche Revision zu finden.

158 Die Prüfung der **Beruhensfrage** ist bei einer Sachrüge relativ einfach, da sich die fehlerhafte Rechtsanwendung und das Beruhen des Urteils auf diesem Fehler unmittelbar aus der Urteilsurkunde ergeben. Tragen die Feststellungen allein eine Verurteilung wegen Unterschlagung, so beruht eine Verurteilung wegen Hehlerei offensichtlich auf der Gesetzesverletzung (fehlerhafte Subsumtion).

III. Zweckmäßigkeitserwägungen

159 Hat sich – bei Vorträgen **aus anwaltlicher Sicht** – der Bearbeiter über die Zulässigkeit und Begründetheit einer Revision Klarheit verschafft, so ergibt sich in aller Regel zwanglos der entsprechende Vorschlag, Revision einzulegen, von einer Revisionseinlegung abzusehen oder eine eingelegte Revision zurückzunehmen. Dann sind keine gesonderten Ausführungen zur Zweckmäßigkeit hinsichtlich des weiteren Vorgehens zu machen.

In seltenen Fällen kann aber abhängig vom Begehren des Mandan- **160**
ten eine vom Normalfall abweichende Vorgehensweise zweckmäßig sein. So kann trotz prognostizierter Erfolglosigkeit der Revision eine Revisionseinlegung im Interesse des Mandanten liegen. Will der Mandant z.B. ausweislich eines Gesprächsvermerks noch vor Antritt einer Freiheitsstrafe persönliche Dinge erledigen, kann ihm der Suspensiveffekt der Revision (§ 343 I StPO) zugute kommen. Entsprechendes gilt für bestimmte an die Rechtskraft eines Urteils geknüpfte (Neben-) Folgen des Urteils (z.B. die Beendigung des Beamtenverhältnisses nach § 24 I 1 BeamtStG), die wegen der Hemmung der Rechtskraft hinausgeschoben werden. Auf die negativen Kostenfolgen des § 473 StPO muss der Mandant aber hingewiesen werden.

Auch die Einlegung einer zulässigen und begründeten Revision **161**
kann im Einzelfall unzweckmäßig sein. So steht der Angeklagte nicht günstiger, wenn das Revisionsgericht im Wege einer Schuldspruchberichtigung[208] (§ 354 I StPO) lediglich die Strafvorschrift „auswechselt", der Strafausspruch aber Bestand hat, da eine Herabsetzung der Strafe trotz der Anwendung einer anderen Strafnorm ausgeschlossen erscheint.

F. Vollständiger Entscheidungsvorschlag

Der abschließende Entscheidungsvorschlag ist – vorbehaltlich ab- **162**
weichender Regelungen in den Weisungen des Justizprüfungsamtes oder des Bearbeitervermerks – vollständig auszuformulieren.

Die Art der richterlichen Entscheidung ist abhängig vom Verfah- **163**
rensstadium. Außerhalb der Hauptverhandlung entscheiden der „iudex a quo" (§ 346 I StPO) und das Revisionsgericht (§ 349 I, II, IV StPO) durch **Beschluss**. Im Rahmen einer Hauptverhandlung entscheidet das Revisionsgericht durch **Urteil** (§§ 349 V StPO). In jeder Lage des Verfahrens kann das Revisionsgericht das Verfahren gem. §§ 153 ff. StPO (außer § 153a StPO) durch Beschluss einstellen.

Beim Aktenvortrag ist zwar in erster Linie mit einer Aufgabenstellung aus anwaltlicher Sicht zu rechnen. Dennoch muss der mögliche **Inhalt** eines revisionsgerichtlichen Urteils bekannt sein. Der gewünschte Urteilstenor bildet den Orientierungspunkt bei der Formulierung des Antrages an das Gericht. Eine vollständige Darstellung der

---

[208] Vgl. hierzu *Meyer-Goßner/Schmitt*, § 354 Rn. 12 ff.

gerichtlichen Entscheidungsmöglichkeiten an dieser Stelle würde den Rahmen sprengen. Die wesentlichen **Entscheidungsmöglichkeiten** seien hier kurz genannt:

Im Falle der Unzulässigkeit oder Unbegründetheit wird die Revision (als unzulässig/unbegründet) **verworfen**.

Soweit die Revision begründet ist, wird das angefochtene **Urteil aufgehoben** (§ 353 I StPO), gegebenenfalls mit den zugrundeliegenden **Feststellungen** (§ 353 II StPO). Zugleich erfolgt entweder eine **eigene Sachentscheidung** gem. § 354 I, Ia StPO oder eine **Zurückverweisung** an die Vorinstanz gem. § 354 II StPO.

Gemischte Entscheidungen sind möglich und kommen in der gerichtlichen Praxis am häufigsten vor.

Einen guten Eindruck bezüglich der möglichen Revisionsentscheidungen kann man sich leicht „aus erster Hand" verschaffen: der BGH bietet Urteile/Beschlüsse zum kostenlosen Download an.[209]

164 Bei Prüfung durch das Revisionsgericht ist folgender Vorschlag denkbar:

„Ich schlage vor, das Urteil des Landgerichts Essen vom 17.09.2020 mit den Feststellungen aufzuheben und die Sache zu neuer Verhandlung und Entscheidung an eine andere Strafkammer des Landgerichts zurückzuverweisen."

Im Falle anwaltlicher Beratung könnte der auf einen entsprechenden Tenor abzielende Antrag lauten:

„Ich schlage vor, die Revision durchzuführen, sie mit den von mir angenommenen Verstößen gegen formelles und materielles Recht zu begründen und zu beantragen, das Urteil der Strafkammer vom 17.09.2020 mit den zugrundeliegenden Feststellungen aufzuheben und die Sache an eine andere Kammer desselben Landgerichts zurückzuverweisen."

Auch kann wie gezeigt eine eigene Sachentscheidung vorgeschlagen werden:

„Ich schlage vor, das Urteil der Strafkammer wegen des von mir vorgetragenen Verfahrensfehlers aufzuheben und den Angeklagten freizusprechen sowie die Kosten und die notwendigen Auslagen des Angeklagten der Staatskasse aufzuerlegen."

---

[209] http://www.bundesgerichtshof.de.

Ebenso ist eine gemischte Entscheidung möglich, z.B. eine T
werfung, verbunden mit einer Teilaufhebung und Zurückverw
(in der Praxis am häufigsten):

„Ich schlage vor, das Urteil des Landgerichts Düsseldorf im Rechtsfolgenausspruch mit den zugehörigen Feststellungen aufzuheben, die Sache insoweit zur neuen Verhandlung und Entscheidung zurückzuverweisen und die weitergehende Revision zu verwerfen."

Eine Verwerfung verbunden mit einer Schuldspruchberichtigung kann in folgender Weise vorgeschlagen werden:

„Ich schlage vor, die Revision des Angeklagten mit der Maßgabe zu verwerfen, dass er nicht des Diebstahls, sondern der Unterschlagung schuldig ist."

Kapitel 10. Übungsfälle

Übungsfall 1 – Versteckte Buttermilch

I. Vorbemerkung

165 Dieser Fall zum sog. „Auslobungsbetrug“ ist von mittlerer Schwierigkeit und einer Originalentscheidung des OLG München nachgebildet.[210] Es handelt sich im Übrigen um die typische Situation einer bei der Polizei eingehenden schriftlichen Strafanzeige des Geschädigten.

II. Aktenauszug

Frisch & Gut Lebensmittel KG 05.08.2020
Müllerstraße 33
19053 Schwerin Eingang: 06.08.2020
Tgb.-Nr.:
119-5499-20

An die
Polizeiinspektion Schwerin
Graf-Yorck-Straße 8
19061 Schwerin

Sehr geehrte Damen und Herren,

ich erstatte hiermit

Strafanzeige

gegen Frau *Paula Pätzold*, Beethovenstraße 4, 19053 Schwerin, wegen folgenden Sachverhalts:

Unser Unternehmen betreibt im Stadtgebiet von Schwerin mehrere Lebensmittelmärkte. Zur Verbesserung der Qualität haben wir ein Prämiensystem für Waren eingeführt, deren Haltbarkeitsdatum abgelaufen ist. Kunden, die solche Waren in den Regalen unserer Märkte entdecken, können diese bei der Marktleitung vorlegen und erhalten im Gegenzug eine Prämie ausgezahlt. Hierüber wird im Eingangsbereich

---

[210] OLG München NJW 2009, 1288 mit Bespr. *Kudlich* JA 2009, 467.

des Marktes informiert. Auf diese Weise erhalten Kunden einen Anreiz zur Mithilfe beim Verkauf frischer Ware.

Dieses System versuchte Frau *Pätzold* für ihre Zwecke auszunutzen. Am 23.07.2020 gegen 17.30 Uhr betrat sie die Filiale in der Gutenbergstraße 6. Dort nahm sie einen Becher Buttermilch der Marke „Friesenhof", 500 ml, mit Ablaufdatum 23.07.2020 und versteckte ihn im Kühlregal an anderer Stelle hinter zahlreichen Milchflaschen. Dadurch wurde der betreffende Becher nach Geschäftsschluss nicht durch unser Personal entdeckt.

Am nächsten Tag, dem 24.07.2020, gegen 10.15 Uhr begab sich Frau *Pätzold* wiederum in die Filiale Gutenbergstraße 6. Sie lief zielstrebig zum Kühlregal, suchte den zuvor versteckten Becher Buttermilch hervor und begab sich zum Büro des Marktleiters. Dort wollte die den Becher abgeben und verlangte für das Auffinden die ausgelobte Prämie von 3,– €. Es kam jedoch nicht zur Auszahlung. Denn eine Mitarbeiterin der Filiale, Frau *Gertrud Gründlich*, hatte die Kundin an beiden Tagen bei ihren Machenschaften beobachtet und rechtzeitig den Marktleiter informiert. Frau *Pätzold* tat leicht erstaunt, gab dann jedoch freiwillig ihre Personalien an.

Die besagte Mitarbeiterin und der Marktleiter stehen als Zeugen zur Verfügung. Eine brauchbare Videoaufzeichnung existiert leider nicht. Der Becher Buttermilch wird in der Filiale Gutenbergstraße 6 verwahrt. Ich stelle Strafantrag wegen aller in Betracht kommenden Delikte.

Mit freundlichen Grüßen

C. Albrecht
Geschäftsführender Gesellschafter

Polizeiinspektion Schwerin 17.08.2020
Graf-Yorck-Straße 8
19061 Schwerin

Zeugenvernehmung

Auf Vorladung ist in der Dienststelle erschienen

Name, Vorname:	*Gründlich, Gertrud*
Beruf:	Verkäuferin
geboren am:	08.04.1961
Geburtsort:	Güstrow
Staatsangehörigkeit:	deutsch
Wohnort:	Gadebuscher Str. 7, 19057 Schwerin

[Belehrung]

<u>Zur Sache:</u>

„Ich bin seit 2005 bei der Fa. *Frisch & Gut* als Verkäuferin beschäftigt, d.h. ich arbeite an der Kasse und bin für den Warenbestand in den Regalen verantwortlich. Seit gut 1 Jahr bin ich in der Filiale in der Gutenbergstraße tätig.

Am 23.07. hatte ich Spätschicht. Es muss irgendwann zwischen fünf und halb sechs am Nachmittag gewesen sein, als mir eine ca. 18-jährige schlanke Frau mit kurzen roten Haaren auffiel. Ich sortierte gerade Waren in eine Tiefkühltruhe und konnte von dort aus das Kühlregal einsehen. Dabei sah ich, wie sich die Frau sehr ausgiebig einzelne Becher Buttermilch anschaute, sie aber immer wieder zurück ins Regal stellte und keinen in ihren Einkaufswagen legte. Lediglich einen dieser Becher schob sie hinter einige Milchflaschen. Zunächst dachte ich mir nichts weiter. Nach Ladenschluss habe ich dann, wie üblich, das Kühlregal nach Produkten abgesucht, deren Haltbarkeitsdatum abgelaufen war. Diese Waren habe ich in unseren Lagerraum gebracht. An den Buttermilchbecher dachte ich nicht mehr. Besser gesagt habe ich ihn hinter den Milchflaschen auch nicht wahrgenommen.

Am darauffolgenden Tag hatte ich ab 10 Uhr Dienst. Gleich zu Beginn, als ich in Richtung Kasse lief, fiel mir die beschriebene Frau erneut auf. Ich will nicht behaupten, dass sie ein sehr markantes Erscheinungsbild hat. Aber ihr rotes Haar ist durchaus auffällig und nach nur einem halben Tag erkannte ich sie wieder. Als sich die Frau auch an diesem Tag in Richtung Kühlregal bewegte, wurde ich skeptisch und beobachtete sie aus der Entfernung. Sie beugte sich weit nach vorn in Richtung Kühlregal und zog hinter den Milchflaschen einen Becher hervor. Diesen legte sie in ihren Einkaufskorb und ging ganz unauffällig weiter.

Jetzt wurde ich wirklich misstrauisch. Seit dieses Prämiensystem für abgelaufene Waren eingeführt worden ist, habe ich immer schon befürchtet, dass es zu Manipulationen kommen kann. Auf jeden Fall habe ich sehr schnell meinen Chef informiert und ihm gesagt, möglicherweise werde eine junge Frau versuchen, einen Becher Buttermilch abzugeben. So geschah es dann auch. Im Büro des Marktleiters war ich zunächst nicht dabei und wurde erst später hinzu gerufen. Für mich ist aufgrund der Beobachtungen an den beiden Tagen völlig klar, dass die junge Frau die Ware gezielt versteckt hat, um sie anderentags gegen eine Prämie abzugeben. Vielleicht hat sie das schon häufiger durchgezogen und sich so eine gewisse Summe ergaunert."

Frage: Hatte es für Sie persönlich Konsequenzen, dass ihnen die abgelaufene Ware am 23.07. entgangen ist?

„Nein, wir können nicht 100% genau kontrollieren. Sonst hätte die Kundenprämie ja auch gar keinen Sinn."

Herrmann selbst gelesen, genehmigt und
POM unterschrieben

Gertrud Gründlich

Polizeiinspektion Schwerin 17.08.2020
Graf-Yorck-Straße 8
19061 Schwerin

Zeugenvernehmung

Auf Vorladung ist in der Dienststelle erschienen

Name, Vorname: *Lauer, Lothar*
Beruf: Einzelhandelskaufmann
geboren am: 17.10.1963
Geburtsort: Neubrandenburg
Staatsangehörigkeit: deutsch
Wohnort: Eugen-Langen-Str. 22, 19061 Schwerin

[Belehrung]

Zur Sache:

„Ich bin seit 2011 Leiter des Supermarktes der Fa. *Frisch & Gut* in der Gutenbergstraße. Seit etwa einem Jahr bieten wir unseren Kunden eine kleine finanzielle Prämie, wenn ihnen Waren mit abgelaufenen Haltbarkeitsdatum auffallen. Im Eingangsbereich und an den Kassen des Marktes hängen entsprechende Informationstafeln. Bislang sind mir noch keine Manipulationen bekannt geworden.

Am 24.07. gegen 10.15 Uhr kam unsere Mitarbeiterin Frau *Gründlich* in mein Büro geeilt und teilte mir mit, sie habe ein Mädchen beobachtet, das tags zuvor einen Becher im Kühlregal versteckt habe und nun möglicherweise gegen Prämienzahlung beanstanden wolle. Frau Gründlich verließ mein Büro wieder. In der Tat betrat wenige Minuten später eine junge Frau mit kurzen roten Haaren das Büro. Sie hielt einen Einkaufskorb in der Hand, entnahm aus diesem einen Becher Buttermilch der Marke „Friesenhof" und erklärte, dieser sei seit gestern abgelaufen. Ich fragte, ob sie demnach ihre Prämie geltend machen wolle. Sie nickte. Darauf hin ließ ich Frau Gründlich ausrufen und sie kam sogleich in mein Büro. Ich fragte, ob dies das besagte Mädchen sei. Frau *Gründlich* bejahte.

Nun erklärte ich der jungen Frau, dass wir der Meinung seien, sie habe die Buttermilch gestern gezielt versteckt, um sie heute quasi einzulösen. Das war ihr erkennbar unangenehm. Sie stritt nichts ab und war auch nicht erbost über meinen Vorwurf. Ich glaube aber, die junge Dame wäre am liebsten geflüchtet, wenn nicht Frau *Gründlich* an der Tür gestanden hätte. Mit etwas Zögern kam sie meiner Aufforderung nach, ihren Personalausweis vorzuzeigen. Ich habe eine Kopie gefertigt und ihr erklärt, den Vorgang der Geschäftsleitung melden zu müssen. Dort müsse man entscheiden, ob die Polizei informiert wird. Bei Ladendieben sind wir natürlich strenger. In diesem Fall lies ich das Mädchen laufen. Sie hat in unserem Supermarkt nichts weiter gekauft. Am Tag darauf hab ich die Geschäftsleitung informiert."

Frage: Wie hoch wäre die Prämie gewesen?

„Das ist abhängig vom Warenwert und davon, um wie viele Tage das Haltbarkeitsdatum überschritten ist. Hier wären es 3,– € gewesen. Die Ware war mit 0,99 € ausgepreist."

Herrmann selbst gelesen, genehmigt und
POM unterschrieben

Lothar Lauer

Polizeiinspektion Schwerin 17.08.2020
Graf-Yorck-Straße 8
19061 Schwerin

Aktenvermerk

1.
Der Zeuge *Lauer* übergab die Fotokopie eines Personalausweises. Dieser ist durch die Stadt Schwerin auf Frau *Paula Pätzold*, * 19.09.2002 in Rostock, ausgestellt. Die Kopie wird zur Akte genommen.

2.
Ferner hatte der Zeuge *Lauer* einen Becher Buttermilch der Marke „Friesenhof" mitgebracht, bei dem es sich nach seinem Bekunden um den gegenständlichen handele. Der Unterzeichner fertigte hiervon Lichtbilder, die dem Vorgang beiliegen. Darauf ist erkennbar, dass auf dem Aluminiumdeckel das Datum „23.7.20" aufgedruckt ist.

3.
Heute wurde die Mutter der minderjährigen *Paula Pätzold* angerufen und über den Sachverhalt informiert. Ihr wurde erklärt, dass ihre Tochter als Beschuldigte vernommen werden soll und die Eltern dabei anwesend sein dürfen. Frau *Pätzold* erklärte dem Unterzeichner, ihre Tochter müsse selbst wissen, was sie tue. Wenn es Ärger mit der Polizei gäbe, müsse sie sich selbst verantworten und könne ohne Eltern vernommen werden. Unterzeichner hatte den Eindruck, dass sich die Mutter nicht sonderlich für die Verfehlungen ihrer Tochter interessiert.

Herrmann
POM

Polizeiinspektion Schwerin 21.08.2020
Graf-Yorck-Straße 8 15.30 Uhr
19061 Schwerin

Beschuldigtenvernehmung

Name, Vorname:	*Pätzold, Paula*
geboren am:	19.09.2002
Geburtsort:	Rostock
Geschlecht:	weiblich
Staatsangehörigkeit:	deutsch

Wohnort:	Beethovenstraße 4, 19053 Schwerin
Beruf:	derzeit erwerbslos
Mutter:	*Johanna Pätzold*, ebd.
Vater:	– keine Angaben –
Familienverhältnisse:	1 Bruder, 13 Jahre

nach eigenen Angaben bereits wegen Leistungserschleichung geahndet.

[Belehrung]

Zur Sache:
„Meine Mutter wollte nicht mitkommen, das hat sie Ihnen ja schon telefonisch gesagt. Die ganze Sache ist mir echt peinlich. Bin finanziell gerade sehr klamm. Mehr sag ich dazu nicht."

Herrmann selbst gelesen, genehmigt und
POM unterschrieben

Paula Pätzold

Frisch & Gut Lebensmittel KG 26.08.2020
Müllerstraße 33
19053 Schwerin Eingang: 28.08.2020

An die
Polizeiinspektion Schwerin
Graf-Yorck-Straße 8
19061 Schwerin

Betr.: Unsere Strafanzeige vom 05.08.2020

Sehr geehrte Damen und Herren,

unser Unternehmen hat die Angelegenheit noch einmal beraten. Hiermit teile ich mit, dass der Strafantrag gegen Frau *Pätzold* zurückgenommen wird.

Mit freundlichen Grüßen

C. Albrecht
Geschäftsführender Gesellschafter

Polizeiinspektion Schwerin 31.08.2020
Graf-Yorck-Straße 8
19061 Schwerin

U.m.A. der

Staatsanwaltschaft Schwerin

zur weiteren Entscheidung übersandt.

Herrmann
POM

III. Bearbeitervermerk

1. Der Sachverhalt ist zu begutachten und die Entscheidung der Staatsanwaltschaft vorzuschlagen.

2. Sollten weitere Ermittlungen für erforderlich gehalten werden, so ist davon auszugehen, dass diese durchgeführt worden sind und keine neuen Erkenntnisse ergeben haben.

3. Im Falle einer Anklage muss der Anklagesatz nicht ausformuliert werden. Von §§ 76 ff. JGG ist kein Gebrauch zu machen.

4. Der Auszug aus dem Erziehungsregister enthält folgende Einträge:

   StA Schwerin, Az.: 603 Js 1170/19, Erschleichen von Leistungen in 3 Fällen, Zeitpunkt der letzten Tat 09.09.2019, Absehen von der Verfolgung gem. § 45 II JGG

   StA Schwerin, Az.: 603 Js 1799/19, Diebstahl geringwertiger Sachen, Tatzeit 25.11.2019, Absehen von der Verfolgung gem. § 45 III JGG

5. Die Formalien sind in Ordnung.

IV. Lösungsvorschlag

166 Ich habe Ihnen von einem Ermittlungsverfahren der *Staatsanwaltschaft Schwerin* zu berichten, über dessen Abschluss im September 2020 zu entscheiden war. Beschuldigte ist die zur Tatzeit 17-jährige *Paula Pätzold* aus Schwerin. Im Einzelnen geht es nach dem Ergebnis der Ermittlungen um folgenden Sachverhalt:

Am späten Nachmittag des 23.07.2020 begab sich die Beschuldigte in einen Lebensmittelmarkt der Fa. *Frisch & Gut* in Schwerin. Dort entnahm sie dem Kühlregal einen Becher Buttermilch, dessen Mindesthaltbarkeit am gleichen Tag ablief. Diesen Becher verbarg sie gezielt hinter einigen Milchflaschen, so dass er bei einer Kontrolle durch die Mitarbeiterin Gründlich nicht wahrgenommen wurde.

Einen Tag später gegen 10 Uhr erschien die Beschuldigte erneut in dem genannten Lebensmittelmarkt. Dort begab sie sich zum Kühlregal und holte den Becher Buttermilch hinter den Milchflaschen hervor. Sodann ging sie zum Marktleiter, dem Zeugen *Lauer*, zeigte den Becher und erklärte, das Mindesthaltbarkeitsdatum sei tags zuvor abgelaufen. Für Kunden, die derartige Waren im Sortiment finden und abgeben, hat die Fa. *Frisch & Gut* eine Prämie ausgelobt. In diesem Fall hätte sie 3,– € betragen. Auf die Frage des Zeugen *Lauer*, ob sie die Prämie geltend machen wolle, nickte die Beschuldigte. Da der Zeuge *Lauer* jedoch über die Umstände informiert war, kam es nicht zur Auszahlung.

Dieser Sachverhalt beruht auf der schriftlichen Strafanzeige der Fa. *Frisch & Gut Lebensmittel KG* sowie den Aussagen der Zeugen *Gertrud Gründlich* und *Lothar Lauer*.

Die Beschuldigte ist polizeilich zur Sache vernommen worden, nachdem ihre Mutter auf eine Anwesenheit verzichtet hat. Dabei erklärte die Beschuldigte, die Sache sei ihr peinlich, sie befinde sich in finanziellen Schwierigkeiten. Weitere Angaben erfolgten nicht.

Der geschäftsführende Gesellschafter der *Frisch & Gut Lebensmittel KG* hat zunächst wenige Tage nach dem geschilderten Geschehen Strafantrag wegen aller in Betracht kommenden Delikte gestellt. Am 26.08.2020 wurde der Strafantrag jedoch schriftlich zurückgenommen.

Gegen die Beschuldigte sind in der Vergangenheit bereits zwei Ermittlungsverfahren durchgeführt worden. Es handelte sich um 3 Fälle des Erschleichens von Leistungen sowie einen Diebstahl geringwertiger Sachen im Jahre 2019. Die Verfahren wurden gem. § 45 II JGG bzw. § 45 III JGG beendet.

Ich schlage vor, gegen die Beschuldigte Anklage wegen versuchten Betrugs zu erheben. Sie ist dieser Tat hinreichend verdächtig (§§ 170 I, 203 StPO). Dies ergibt die folgende rechtliche Würdigung:

Die Strafbarkeit gem. §§ 263 I, II, 22, 23 I StGB, § 2 II JGG erfordert einen entsprechenden Tatentschluss. Dies betrifft vor allem den Willen zur Täuschungshandlung. Nach Auskunft des Zeugen *Lauer* habe die Beschuldigte auf das abgelaufene Haltbarkeitsdatum hingewiesen und die Frage nach Geltendmachung der Prämie durch Nicken bejaht. Der Erklärungsgehalt dieses Verhaltens der Beschuldigten muss durch Auslegung ermittelt werden.[211] Hierzu ist auf die Verkehrsanschauungen zurückzugreifen. Zweck der Prämie war es, Kunden zu belohnen, wenn sie Waren mit abgelaufenen Haltbarkeitsdatum finden. Kunden, die derartige Waren vorlegen, behaupten konkludent, der Zweck der Auslobung sei erfüllt. Dabei muss auch der Beschuldigten bewusst gewesen sein, dass der Marktbetreiber nur für solche Waren eine Gewähr übernehmen will, die sich am regulären Standort befinden und dem Personal daher bei Routinekontrollen auffallen müssen. Nach Aussage der Zeugin *Gründlich* habe die Beschuldigte den – im Übrigen mit Lichtbildern dokumentierten – Buttermilchbecher jedoch tags zuvor hinter anderen Waren verborgen und später wieder hervorgeholt. Diese Manipulation entspricht gerade nicht dem Zweck der Prämie. Die Beschuldigte hat also die Ordnungsmäßigkeit einer vom Empfänger unterstellten Geschäftsgrundlage vorgetäuscht.[212] Damit kann ihr eine konkludente Erklärung nachgewiesen werden, die nicht der Wahrheit entsprach.

Nach ihrem Vorstellungsbild wollte die Beschuldigte auch einen Irrtum seitens des Marktleiters erregen und ihn zu einer Vermögensverfügung durch Zahlung von 3,– € veranlassen. Da dieser Betrag objektiv nicht geschuldet war, wäre der Fa. *Frisch & Gut Lebensmittel KG* ein entsprechender Vermögensschaden entstanden. Der Marktleiter war auch berechtigt, über das Vermögen zu verfügen, so dass es sich um einen versuchten Dreiecksbetrug handelt.[213]

Nach dem von den Zeugen geschilderten Tatablauf kann davon ausgegangen werden, dass die Beschuldigte in der Absicht handelte, sich einen rechtswidrigen Vermögensvorteil zu verschaffen.

Mit der Geltendmachung der Forderung gegenüber dem Marktleiter hat sie unmittelbar zum Versuch angesetzt (§ 22 StGB).

---

[211] MüKo-StGB/*Hefendehl*, § 263 Rn. 88.
[212] Vgl. hierzu *Fischer*, § 263 Rn. 13.
[213] Vgl. hierzu *Lackner/Kühl*, § 263 Rn. 28 f.

Rechtswidrigkeit ist gegeben. Nachdem die Beschuldigte zur Tatzeit 17 Jahre und 10 Monate alt war, erscheint ihre strafrechtliche Verantwortlichkeit hinreichend sicher, § 10 StGB, § 3 JGG.

Der gem. §§ 263 IV, 248a StGB erforderliche Strafantrag[214] wurde durch den vertretungsberechtigten Geschäftsführer des geschädigten Unternehmens zurückgenommen. Dies ist möglich, § 77d I StGB. Daher ist zu prüfen, ob ein besonderes öffentliches Interesse an der Strafverfolgung vorliegt. Dabei sind insbesondere die kriminelle Energie der Beschuldigten und ihr strafrechtliches Vorleben zu berücksichtigen.[215] Nachdem sie in jüngere Vergangenheit bereits mehrfach mit Vermögensdelikten aufgefallen ist und ihr im vorliegenden Fall eine zielgerichtete Manipulation zur Last fällt, ist ein Einschreiten gegen die Beschuldigte geboten.

Somit besteht hinreichender Tatverdacht bezüglich eines versuchten Betruges.

Für die Anklage ist angesichts der Straferwartung und des Wohnsitzes der Beschuldigten gem. §§ 39 I, 42 Nr. 1 JGG der Jugendrichter beim *Amtsgericht Schwerin* zuständig. Die Anklageschrift ist der zuständigen Jugendgerichtshilfe mitzuteilen.[216]

Zusammenfassend schlage ich daher vor, gegen die Beschuldigte vor dem *Amtsgericht Schwerin* – Jugendrichter – öffentliche Klage wegen versuchten Betrugs zu erheben.

Ich bedanke mich für Ihre Aufmerksamkeit.

V. Ergänzende Bemerkungen

167 Zumindest vertretbar ist es, anstelle einer konkludenten Täuschung eine solche durch Unterlassen anzunehmen. Die Übergänge sind ohnehin fließend.[217] Dann hätte die Garantenstellung (§ 13 StGB) aus Ingerenz hergeleitet werden müssen. Fehlerhaft wäre es indessen, das unmittelbare Ansetzen zum Betrugsversuch bereits im Verstecken der

---

[214] Ob die Wertgrenze bei 25,– €, 30,– € oder 50,– € liegt, muss in diesem eindeutigen Fall nicht diskutiert werden; vgl. hierzu auch *Fischer*, § 248a Rn. 3.

[215] Schönke/Schröder/*Bosch*, § 248a Rn. 25 f.

[216] Nr. 32 MiStra. Dieser Hinweis erscheint nicht zwingend notwendig. Der von der Jugendgerichtshilfe erstattete Bericht genügt in Fällen wie dem vorliegenden für die Ermittlung der Lebens- und Familienverhältnisse (§ 43 JGG).

[217] Vgl. hierzu MüKo-StGB/*Hefendehl*, § 263 Rn. 97 ff.

Ware zu erblicken.[218] Auch ein Strafbefehl scheidet von vornherein aus (§ 79 I JGG).

Die beschränkte Geschäftsfähigkeit der Beschuldigten war nicht zu problematisieren. Denn die Auslobung der Prämie stellt ein einseitiges Rechtsgeschäft dar (§ 657 BGB), dessen Erfüllung für die Beschuldigte lediglich rechtlich vorteilhaft gewesen wäre (§ 107 BGB).

Der geplante Vermögensschaden mag für sich gesehen sehr gering gewesen sein. Ein nochmaliges Absehen von der Verfolgung (§ 45 JGG, §§ 153 ff. StPO) erscheint jedoch kaum vertretbar.

Für ein mögliches Vertiefungsgespräch (oder Erörterungen in der Lerngruppe) kann man sich aus Anlass des Falles einige allgemeine Fragen zum Jugendstrafrecht vorstellen. So mag überlegt werden, ob ein Antrag auf vereinfachtes Jugendverfahren (§ 76 JGG) in Betracht gekommen wäre, wenn dies der Bearbeitervermerk nicht ausgeschlossen hätte.

---

[218] *Kudlich* JA 2009, 467.

Übungsfall 2 – Eine Scheune in Flammen

I. Vorbemerkung

Dieser Fall ist einer Originalaufgabe aus dem nordrhein-westfälischen Staatsexamen nachgebildet, bei der es um Brandstiftungsdelikte geht. Für die Vortragsdauer erscheinen 10 Minuten völlig ausreichend. 168

II. Aktenauszug

Polizeipräsidium Bielefeld
Kriminalkommissariat 11
Tgb.-Nr. 33-2020-9874

S t r a f a n z e i g e
von Amts wegen

Strafbare Handlung:		Verdacht der Brandstiftung
Tatort:		Haferstraße 17, 33649 Brackwede
Tatzeit:		Samstag, 25.07.2020, ca. 20.40–22.45 Uhr
Geschädigter:		*Schröder*, *Jochen*, Am Bergbruch 12, 33649 Brackwede
Beschuldigte:	1.	*Brenner*, *Thomas* geb. am 11.01.1989 in Bad Salzuflen wohnhaft: Teutoburger Str. 34, 33604 Bielefeld
	2.	*Fläming*, *Alexander* geb. am 01.05.1990 in Lippstadt wohnhaft: Kohlenweg 2, 33659 Bielefeld
Gegenstand der Tat:		Scheune
Schadenshöhe:		ca. 20.000,– €

Am 25.07.2020 gegen 22.00 Uhr ging bei der Notrufzentrale die Meldung ein, dass es in Brackwede zum Brand einer Scheune gekommen sei. Kurze Zeit später trafen KHM'in *Rudolf* und der Unterzeichner am Brandort ein. Die Löscharbeiten der örtlichen Feuerwehr waren bereits im Gange und dauerten bis ca. 22.45 Uhr. Die ca. 60 qm große Scheune brannte im gesamten Dachstuhl.

Während des Einsatzes trafen wir auf die späteren Beschuldigten *Brenner* und *Fläming*. Sie machten von sich auf folgende Angaben:

Man habe sich gemeinsam mit dem Geschädigten *Schröder* im Bereich der Scheune aufgehalten und einen in unmittelbarer Nähe (ca. 2 m Abstand zur Außenwand) befindlichen, aus Mauerstein gefertigten Grill benutzt. Der Grill sei mit Holz befeuert worden. Am Dachboden der Scheune habe man plötzlich einen Lichtschein wahrgenommen. Um nachzuschauen, seien alle Beteiligten in die Scheune gegangen. Es sei zunächst nichts zu entdecken gewesen. Kurze Zeit später loderten jedoch einige Flammen aus dem Dachstuhl. Aus einem nahegelegenen Weiher habe man daraufhin mit einem Eimer Wasser geholt. Der Brand sei jedoch mit eigenen Mitteln nicht zu löschen gewesen. Der Geschädigte *Schröder* habe dennoch gesagt, man solle keine Feuerwehr alarmieren, er „mache das allein". Gleichwohl habe *Brenner* mit seinem Mobiltelefon einen Notruf getätigt und den Brand gemeldet.

Am Einsatzort fiel auf, dass sich der Geschädigte *Schröder* ständig in die Scheune begeben wollte, um Gegenstände vor dem Feuer zu retten. Er wurde zum Schutz seiner Person daran gehindert. Nach seinen Angaben befanden sich in der Scheune mehrere landwirtschaftliche Geräte.

Nach den Löscharbeiten war der gesamte Dachstuhl des Gebäudes niedergebrannt. Vermutlich haben zuerst die Strohreste auf dem Zwischenboden gebrannt. Als Brandursache erscheint der in geringem Abstand befindliche Grill am plausibelsten. Vom ihm könnten Funken durch Öffnungen in der Seitenmauer in die Scheune geflogen sein. Ob ein Brandbeschleuniger im Spiel war, muss noch untersucht werden. Ein etwaiger Personenschaden wurde nicht ermittelt.

Arnold
KOK

Polizeipräsidium Bielefeld — 05.08.2020
Kriminalkommissariat 11 — 13.00 Uhr
Tgb.-Nr. 33-2020-9874

Zeugenvernehmung

Familienname:	*Schröder*
Vorname:	*Jochen*
geb. am:	04.09.1971
Geburtsort:	Leverkusen
Beruf:	Maurer
Staatsangehörigkeit:	deutsch
Wohnort:	Am Bergbruch 12, 33649 Brackwede

[Belehrung]

Gegen Mittag am 25.7. rief mich *Thomas Brenner* an und fragte, ob er und *Alexander Fläming* bei mir – also nahe meiner Scheune – grillen könnten. Ich kannte beide und gab ihnen mein Einverständnis. Später wollte ich ebenfalls dazu kommen. Ich erschien gegen 19.30 Uhr am Grillplatz, da war alles schon in vollem Gange. Es war windstill und Funkenflug war nicht zu befürchten. Es handelt sich um ein gemauertes Backsteinviereck mit Grillrost. Nachdem wir die Steaks verzehrt hatten, nahm ich den Grillrost herunter. Wir legten etwas Holz aus der Scheune und ein paar kleine Äste von den herumstehenden Bäumen in die Glut.

Plötzlich schlugen *Brenner* und *Fläming* vor, man könne Benzin in das Feuer schütten, damit es wieder richtig brenne. Das habe ich jedoch verboten, weil sich der Grillplatz zu dicht an der Scheune befand. Gleichwohl holten beide eine leere Bierflasche aus der Scheune. Ich erklärte das Grillen daraufhin für beendet und forderte sie auf, zu gehen. Während ich das Grillzubehör in die Scheune brachte, machten sich beide am Motorrad des *Brenner* zu schaffen und ließen etwas Benzin in die Bierflasche laufen. Ich habe noch gerufen, sie sollen keinen Unsinn machen. Aber als ich aus der Scheune kam, sah ich die Flasche auf dem Grill liegen. Unmittelbar darauf gab es eine riesige Explosion, wie von einem Brandsatz. Keine der Personen wurde von der Stichflamme getroffen. Sie schoss jedoch in Richtung Scheunendach. Dort befanden sich Reste von Stroh und ich befürchtete, diese würden sich entzünden. So war es auch. Das Feuer breitete sich rasch aus und ich wusste, dass wir es nicht allein löschen konnten.

Thomas Brenner sagte, er werde die Feuerwehr rufen. Ich nickte ihm zu und er tätigte mit seinem Mobiltelefon den Notruf. Danach versuchte ich, aus einem nahe gelegenen Teich Wasser zu holen. Das hatte jedoch keinen Sinn mehr. Ich konzentrierte mich dann darauf, einige Sachen aus der Scheune zu holen.

Meine Scheune dient zur Aufbewahrung von landwirtschaftlichen Geräten. Sie ist gegen Brandschäden versichert. Ich habe den Schaden bislang noch nicht gemeldet.

Im Nachhinein mache ich mir Vorwürfe, das Grillen gestattet zu haben. Ich konnte allerdings nicht ahnen, dass Benzin ins Feuer geschüttet wird.

Arnold selbst gelesen, genehmigt
KOK und unterschrieben

Jochen Schröder

Polizeipräsidium Bielefeld 07.08.2020
Kriminalkommissariat 11 11.00 Uhr
Tgb.-Nr. 33-2020-9874

Beschuldigtenvernehmung

Familienname:	*Brenner*
Vorname:	*Thomas*
geb. am:	11.01.1989
Geburtsort:	Bad Salzuflen
Beruf:	Industriekaufmann
Staatsangehörigkeit:	deutsch
Wohnort:	Teutoburger Str. 34, 33604 Bielefeld
Einkommen:	1.600,– €/mtl.

Nach eigenen Angaben keine Vorstrafen.

[Belehrung]

Ich will aussagen.

Gemeinsam mit *Alexander Fläming* und mit Einverständnis des *Jochen Schröder* habe ich am vorletzten Samstag an der besagten Scheune gegrillt. Am Abend kam auch Herr *Schröder* selbst dazu. Wir haben gemeinsam gegessen. Anschließend wurde der Grillrost beiseite gelegt und wir legten noch etwas Holz nach. Es sollte eine Art Lagerfeuer werden. Die Flammen schlugen ca. 25 cm über die Backsteineinfassung hinaus und durch das trockene Holz entstand leichter Funkenflug. Das erschien uns aber nicht gefährlich.

Plötzlich sah ich jedoch ein Leuchten am Dach der Scheune. Wir gingen hinein, konnten aber nichts entdecken. Von draußen sah man allerdings, dass sich am Dach oberhalb des Grillplatzes ein Feuer entwickelt hatte. Durch Lücken im Mauerwerk waren dort vermutlich Funken eingedrungen.

Zunächst liefen wir zu einem Weiher, um dort Wasser zu holen. Bei Rückkehr erschien uns die Sache jedoch aussichtslos. *Jochen Schröder* wurde panisch. Er rief „Bloß keine Polizei und keine Feuerwehr! Ich mache das allein". Gleichwohl habe ich mit meinem Handy den Notruf gewählt. Herr *Schröder* versuchte währenddessen, einige Sachen aus der Scheune zu holen. Wir wollten ihn zurückhalten. Aber er schrie, wir hätten seine Scheune angezündet und sollten verschwinden.

Kurze Zeit später kamen auch schon Polizei und Feuerwehr. *Alexander Fläming* und ich haben dann den Sachverhalt geschildert.

Auf Vorhalt: Es stimmt nicht, was Herr *Schröder* erzählt. Wir haben keine mit Benzin gefüllte Bierflasche benutzt. Weder ich noch *Alexander Fläming* haben von meinem Motorrad Benzin in eine Flasche gefüllt. Ich verstehe nicht, warum der *Jochen Schröder* etwas Derartiges behauptet. Er war schließlich einverstanden, dass wir ein Lagerfeuer machen.

Arnold
KOK

selbst gelesen, genehmigt
und unterschrieben

Thomas Brenner

Polizeipräsidium Bielefeld
Kriminalkommissariat 11
Tgb.-Nr. 33-2020-9874

07.08.2020
12.30 Uhr

Beschuldigtenvernehmung

Familienname:	*Fläming*
Vorname:	*Alexander*
geb. am:	01.05.1990
Geburtsort:	Lippstadt
Beruf:	arbeitslos
Staatsangehörigkeit:	deutsch
Wohnort:	Kohlenweg 2, 33659 Bielefeld
Einkommen:	k.A.

Nach eigenen Angaben keine Vorstrafen.

[Belehrung]

Ich will aussagen.

Am vorletzten Samstag habe ich mit meinem Freund *Thomas Brenner* getroffen. Es war schönes Wetter und daher schlug *Thomas* vor, dass wir grillen sollten. Nachdem wir den Herrn *Schröder* um Erlaubnis gefragt hatten, haben wir uns zu dessen Scheune begeben. Wir kannten uns dort aus, da wir schon häufiger gegrillt hatten. Wir haben den Grill mit etwas Holz aus der Scheune entzündet.

Gegen 19.30 Uhr kam Herr *Schröder* hinzu. Wir aßen gemeinsam und anschließend nahm Herr *Schröder* den Grillrost herunter. Dann wurde Holz in die Glut geworfen. Die Flammen ragten ein wenig über die Einfassung des Grills hinaus. Wir saßen um das Feuer herum.

Auf Nachfrage: Ja, es stimmt, es gab ein paar Funken. Aber ich habe wegen der Windstille nicht gedacht, dass etwas passieren könnte. Außerdem war der *Jochen Schröder* dabei. Ihm gehört die Scheue und er musste sich ja wohl auskennen.

Plötzlich drehte sich *Thomas* zur Scheune um und sage, dort glühe am Dach irgendetwas. Wir liefen alle in die Scheune und sahen unter dem Dach ein Leuchten. Uns war klar, dass es brennt. Daher rannten wir zum Teich, um mit Hilfe eines Eimers Wasser zu holen. Zurück an der Scheune, fiel uns brennendes Stroh entgegen. *Jochen Schröder* wurde panisch und schrie „Das schaffen wir nie!". *Thomas* sagte daraufhin, er alarmiere die Feuerwehr. Aber Herr *Schröder* wollte das nicht, auch keine Polizei. *Thomas* hat dennoch über sein Handy angerufen.

Jochen Schröder lief immer wieder in die Scheune, um einige seiner Sachen zu retten. Erst die eintreffende Polizei hinderte ihn daran. Er beschuldigte *Thomas* und mich, die Scheune angezündet zu haben. Aber das stimmt nicht.

Auf Vorhalt: Es ist nicht wahr, dass wir eine Flasche mit Benzin ins Feuer geworfen haben. Wir haben völlig normal gegrillt. Mein Bruder ist bei der freiwilligen Feuerwehr. Von ihm weiß ich, was Benzin bei offenem Feuer bewirken kann.

Arnold selbst gelesen, genehmigt
KOK und unterschrieben

Alexander Fläming

Polizeipräsidium Bielefeld 11.08.2020
Kriminalkommissariat 11
Tgb.-Nr. 33-2020-9874

1. Vermerk:

Laut Bericht der Spurensicherung und des Brandsachverständigen Dipl.-Ing. *Löscher* waren am Tatort keine Glassplitter bzw. Teile einer Glasflasche zu finden. Es konnten auch keine Reste von Brandbeschleunigern festgestellt werden. Auf Nachfrage erklärte der Brandsachverständige, das vorgefundene Brandbild spreche nicht für eine Stichflamme, wie sie beim Einsatz einer Benzinflasche entstanden wäre. Es spräche deutlich mehr für eine Entzündung des eingelagerten Strohs infolge Funkenflugs.

2.

Der zunächst als Zeuge vernommene *Jochen Schröder* erklärte heute telefonisch, er habe seinen bisherigen Angaben nichts hinzuzufügen. Es sei alles so passiert, wie er es geschildert habe.

3.

U.m.A. der

Staatsanwaltschaft Bielefeld

zur weiteren Veranlassung übersandt.

Arnold
KOK

III. Bearbeitervermerk

1. Die Entscheidung der Staatsanwaltschaft ist vorzuschlagen. Dabei ist nur die Strafbarkeit der Beschuldigten *Brenner* und *Fläming* zu prüfen.
2. Sollten weitere Ermittlungen für erforderlich gehalten werden, so ist zu unterstellen, dass diese ohne nähere Erkenntnisse durchgeführt worden sind.
3. Im Falle einer Anklage muss der Anklagesatz nicht formuliert werden. Es genügt die Angabe, vor welchem Gericht wegen welcher Straftaten Anklage erhoben wird. Entsprechendes gilt beim Antrag auf Erlass eines Strafbefehls. Angaben zum Strafmaß sind entbehrlich.
4. Im Falle einer Einstellung des Verfahrens muss die entsprechende Verfügung nicht ausformuliert werden.
5. Beide Beschuldigten sind bislang strafrechtlich nicht in Erscheinung getreten.
6. Brackwede ist ein Stadtteil von Bielefeld. Dort sind Amts- und Landgericht ansässig.

IV. Lösungsvorschlag

169 Ich habe über ein im August 2020 anhängiges Ermittlungsverfahren der *Staatsanwaltschaft Bielefeld* zu berichten, deren Abschlussentscheidung vorzuschlagen ist. Das Verfahren richtet sich gegen die Beschuldigten *Thomas Brenner* und *Alexander Fläming* aus Bielefeld. Die Ermittlungen ergaben folgenden Sachverhalt:

Die Beschuldigten trafen sich am Abend des 25.07.2020 mit dem *Zeugen* Schröder auf dessen Grundstück zum Grillen. Dabei nutzten sie einen Grill der ca. 2 m von der Außenwand einer Scheune entfernt stand. Nach dem Essen wurde der Grillrost entfernt und es sollte eine Art Lagerfeuer entfacht werden. Zu diesem Zweck legten die Beschuldigten und der Zeuge *Schröder* Holz in die Glut. Die Flammen des entstehenden Feuers schlugen nach oben ca. 25 cm über die gemauerte Einfassung des Grills hinaus.

Der Zeuge *Schröder* bekundete, die Beschuldigten hätten eine mit Benzin gefüllte Bierflasche in das Feuer geworfen, wodurch eine Stichflamme in Richtung Scheunendach geschossen sei. Beide Beschuldigten bestreiten dies übereinstimmend.

Unbestritten entzündete sich am Dachboden der Scheune ein Feuer, das die Beteiligten nicht löschen konnten und durch das schließlich der Dachstuhl der Scheune nieder brannte. Dabei entstand ein Sachschaden von ca. 20.000,– €.

Nach Einschätzung eines von der Polizei beauftragten Sachverständigen konnten keine Reste einer Glasflasche oder eines Brandbeschleunigers gefunden werden. Vielmehr spreche das Schadensbild für eine Entzündung des eingelagerten Strohs durch Funkenflug.

Dieser Sachverhalt beruht auf den Einlassungen der Beschuldigten, der Aussage des Zeugen *Schröder* sowie den polizeilichen Ermittlungen, einschließlich des hinzugezogenen Brandsachverständigen.

Ich schlage vor, das Ermittlungsverfahren gegen beide Beschuldigten aus folgenden Gründen einzustellen. Dabei behandele ich die mögliche Strafbarkeit der Beschuldigten jeweils gemeinsam.[219]

Hinreichender Tatverdacht i.S.v. § 170 I StPO ist nicht gegeben. Dies gilt zunächst für eine Brandstiftung gem. §§ 306 I Nr. 1, 25 II StGB. Denn eine vorsätzliche Tatbegehung ist nicht nachweisbar. Selbst wenn man entsprechend der Aussage des Geschädigten unterstellt, die Beschuldigten hätten eine mit Benzin gefüllte Flasche ins

---

[219] Dies und der Hinweis darauf bieten sich an, da von vornherein nur mittäterschaftliche Begehung (§ 25 II StGB) in Betracht kommt.

Feuer geworfen, kann nicht davon ausgegangen werden, dass sie die Inbrandsetzung der Scheune in Kauf genommen haben.

In Frage kommt aber der Verdacht der fahrlässigen Brandstiftung nach § 306d I i.V.m. § 306 I Nr. 1 StGB. Der objektive Tatbestand ist nach meiner Auffassung verwirklicht worden. Die Scheune, ein fremdes Gebäude i.S.v. § 306 I Nr. 1 StGB, wurde in Brand gesetzt, da ihr Dachstuhl nieder brannte.

Nach dem Ergebnis der Ermittlungen spricht viel dafür, dass die Beschuldigten diesen Brand jedenfalls mit verursacht haben. Dies ergibt sich bereits aufgrund ihrer übereinstimmenden eigenen, durchaus schlüssigen Einlassung. Danach wollten sie gemeinsam mit dem Zeugen *Schröder* eine Art Lagerfeuer entzünden und haben gemeinsam trockenes Holz auf den Grill gelegt. Hierbei dürfte der Funkenflug entstanden sein, der nach den Erkenntnissen des Sachverständigen als Brandursache nahe liegt.

Den Beschuldigten fällt darüber hinaus objektive Pflichtwidrigkeit zur Last. Der Grill stand nur 2 Meter von der Scheune entfernt. Die Beschuldigten haben nach eigener Aussage das Feuer so stark entfacht, dass es über die Einfassung hinausragte und Funkenflug eintrat. Die Brandfolge halte ich auch für subjektiv vorhersehbar.

Allerdings war der Eigentümer der Scheune, der Zeuge *Schröder*, mit dem Entfachen des Feuers einverstanden und hat hieran mitgewirkt. Dies ergibt sich aus der übereinstimmenden Aussage aller Beteiligten. Nach meiner Auffassung liegt darin eine konkludent erklärte rechtfertigende Einwilligung. Dieser Rechtfertigungsgrund ist auch bei Fahrlässigkeitstaten denkbar.[220] Da die Brandstiftung nach § 306 I StGB ein spezielles Eigentumsdelikt darstellt, war der Zeuge *Schröder* auch befugt, über das geschützte Rechtsgut zu verfügen.[221] Zugunsten der Beschuldigten ist davon auszugehen, dass die in Kenntnis dieses Einverständnisses handelten. Es fehlt daher am Merkmal der Rechtswidrigkeit.

Nach alledem ist das Ermittlungsverfahren gem. § 170 II 1 StPO einzustellen. Dies ist den Beschuldigten gem. § 170 II 2 StPO mitzuteilen.

Vielen Dank für die Aufmerksamkeit.

---

[220] *Fischer*, § 15 Rn. 15.

[221] Vgl. hierzu BGH NJW 2003, 1824; *Fischer*, § 306 Rn. 20.

V. Ergänzende Bemerkungen

170 Dieser Fall bietet wiederum Spielraum für alternative Lösungen bzw. Lösungsansätze. So lässt sich diskutieren, ob die Scheune eine Räumlichkeit darstellt, die zeitweise dem Aufenthalt von Menschen dient (§ 306a I Nr. 3 StGB). Dies ist sehr streitig.[222] Dabei ist jedoch zu beachten, dass eine Scheune gewöhnlich nur zu einzelnen kürzeren Verrichtungen betreten wird und nicht der zeitweilige Aufenthalt im Vordergrund steht.[223] Anders ist es nach einer bekannten BGH-Entscheidung bei einer Scheune, die regelmäßig von Landstreichern zur Übernachtung genutzt wird.[224]

Wenn man den objektiven Tatbestand gleichwohl für erfüllt ansieht, kommt eine rechtfertigende Einwilligung im Rahmen der Fahrlässigkeitstat nicht mehr in Betracht. Denn § 306a I StGB stellt ein abstraktes Gefährdungsdelikt dar, bei dem das Schutzgut nicht der Verfügungsbefugnis des Sacheigentümers unterfällt.[225]

Wird die Strafbarkeit bejaht, sollte eine Einstellung des Verfahrens nach §§ 153 ff. StPO erörtert werden. Der Bearbeitervermerk lässt dies zu.

---

[222] Bejahend BayObLG NJW 1967, 2417 (für einen Stall); Schönke/Schröder/*Heine*/*Bosch*, § 306a Rn. 8; verneinend RGSt 69, 148.

[223] LK/*Wolff*, § 306a Rn. 19.

[224] BGHSt 23, 60.

[225] *Fischer*, § 306a Rn. 11 m.w.N.; MüKo-StGB/*Radtke*, § 306a Rn. 59.

Übungsfall 3 – Carsharing mit Folgen

I. Vorbemerkung

Der nachfolgende Fall betrifft eine richterliche Entscheidung im Ermittlungsverfahren im Zusammenhang mit Verkehrsdelikten. Er ist einer Entscheidung des AG Berlin-Tiergarten[226] nachgebildet. 171

II. Aktenauszug

Landespolizeiinspektion Jena 30.01.2021
Am Anger 30
07743 Jena

Tgb.-Nr. 55-2021-3387

Ermittlungsbericht

Nach dem bisherigen Ermittlungsergebnis befuhr die Beschuldigte *Tanja Flüchter* am 21.01.2021 gegen 3.30 Uhr mit einem von der Fa. *FLEXIGO GmbH* gemieteten PKW Smart mit dem amtlichen Kennzeichen J-FG 714 die Bundesautobahn A 4 in östliche Richtung. Bei dem PKW Smart handelt es sich um ein sog. Carsharing-Fahrzeug. Etwa 2 km vor der Abfahrt Stadtroda fuhr die Beschuldigte über den Seitenstreifen gegen die rechte Leitplanke. Diese Leitplanke wurde durch den Aufprall nicht beschädigt, jedoch entstand an dem von der Beschuldigten geführten Fahrzeug ein Sachschaden von 8.100,00 € netto. Dies ergibt sich aus dem von der Geschädigten Fa. *FLEXIGO GmbH* eingeholten Reparaturkostenvoranschlag der Fa. *Auto-Schulz GmbH* vom 26.01.2021. Entsprechende vom Unterzeichner gefertigte Lichtbilder sind ebenfalls beigefügt. An der Leitplanke fanden sich an der wahrscheinlichen Unfallstelle rote Lackspuren, die dem äußeren Anschein nach mit dem Lack des PKW Smart übereinstimmen. Im Vorfeld der Unfallstelle wurde auf dem Seitenstreifen außerdem Bremsspuren festgestellt.

Die Beschuldigte, die den Unfall zweifellos bemerkt hat, setzte die Fahrt ohne Benachrichtigung einer Polizeidienststelle oder sonstiger Personen fort und stellte das Fahrzeug am 21.01.2021 gegen 10.00 Uhr auf dem von der Fa. *FLEXIGO GmbH* für die Anmietung und Rückga-

---

[226] NStZ-RR 2018, 224 mit Anm. *Quarch* NZV 2018, 437.

be der Fahrzeuge vorgehaltenen Parkplatz in der Ebertstraße 8 in Jena ab. Nachdem die Fa. *FLEXIGO GmbH* durch andere Nutzer auf den Fahrzeugschaden aufmerksam gemacht worden war, rief sie die Beschuldigte am 22.01.2021 gegen 14.30 Uhr an. Hier räumte die Beschuldigte gegenüber dem Zeugen *Wunderlich* den Unfallhergang telefonisch ein.

Im Rahmen einer am 28.01.2021 durch POM *Schwab* und den Unterzeichner durchgeführten ersten Vernehmung am Wohnort der Beschuldigten machte diese keine Angaben zur Sache. Mit der Herausgabe ihres Führerscheins war die Beschuldigte nicht einverstanden, so dass dieser beschlagnahmt wurde. Er liegt der Akte bei.

Hurtig
POM

Landespolizeiinspektion Jena 26.01.2021
Am Anger 30 13.00 Uhr
07743 Jena

Tgb.-Nr. 55-2021-3387

Zeugenvernehmung

Familienname:	*Wunderlich*
Vorname:	*Alexander*
geb. am:	14.05.1987
Geburtsort:	Mühlhausen
Beruf:	kaufm. Angestellter
Staatsangehörigkeit:	deutsch
Wohnort:	Burgweg 36, 07749 Jena

[Belehrung]

Ich bin Disponent in der Jenaer Niederlassung der *FLEXIGO GmbH*, einem bundesweit tätigen Carsharing-Unternehmen. Die Vermietung erfolgt an registrierte Kunden, die über unser Internetportal oder unsere App ein Fahrzeug reservieren. Sie erhalten dann einen Freischalt-Code und können das Fahrzeug an einem der im Stadtgebiet verteilten Stellplätze übernehmen. Das Fahrzeug muss nach Ende der Nutzung auch wieder auf einem unserer Parkplätze abgestellt werden. Eine allgemeine Sichtkontrolle nach Rückgabe der Fahrzeuge ist seitens unseres Unternehmens nicht vorgesehen und sie erscheint uns auch nicht effizient. Das Entgelt berechnet sich aus einer einmaligen Anmeldegebühr von 20,– €, einer monatlichen Grundgebühr von 10,– € sowie 3,50 € pro Stunde für die Nutzung. Alle vermieteten Fahrzeuge stehen im Eigentum unseres Unternehmens.

Den in unserem Computersystem hinterlegten Daten kann ich entnehmen, dass Frau *Flüchter* seit April 2019 als Kundin registriert ist. Am 19.01.2021 hat sie einen roten PKW Smart für den Folgetag reserviert und dieses Fahrzeug mit dem Kennzeichen J-FG 714 dann am 20.01.2021 um 10.00 Uhr in der Ebertstraße 8 in Jena übernommen. Die Rückgabe an gleicher Stelle erfolgte am 21.01.2021 gegen 10.00 Uhr. Eine anderer Kunde, der diesen Smart ab 15.00 Uhr reserviert hatte, rief mich wenig später an und informierte über darüber, dass der Wagen auf der rechten Seite ganz erheblich beschädigt sei. Frau *Flüchter* hatte uns hierüber nichts mitgeteilt. Ich habe mir dann das Fahrzeug und die Schäden selbst angesehen. Nach Rücksprache mit der Geschäftsleitung habe ich zunächst die Reparaturkosten bei einem örtlichen Fachbetrieb für Mercedes und Smart kalkulieren lassen. Es werden wohl mindestens 8.100,00 € sein. Außerdem habe ich Frau *Flüchter* am 22.01.2021 gegen 14.30 Uhr angerufen. Sie erklärte mir, dass es ihr schrecklich leidtue. Sie habe in der Nacht zum 21.01.2021 gegen 3.30 Uhr auf der Autobahn kurz vor Stadtroda einen Unfall mit dem Smart erlitten und sei hierbei in die Leitplanke geprallt. Personen oder andere Fahrzeuge seien nicht zu Schaden gekommen. Meine Frage, ob sie den Unfall bei der Polizei gemeldet habe, verneinte Frau *Flüchter*. Wegen akuten Prüfungsstresses an der Uni sei sie momentan nervlich „durch den Wind“. Sie klang am Telefon auch sehr angespannt.

Schwab — selbst gelesen, genehmigt
POM — und unterschrieben
Alexander Wunderlich

Es folgen von der Polizei gefertigte Lichtbilder, auf denen erkennbar ist, dass an dem PKW Smart, amtl. Kennzeichen J-FG 714, Blech- und Lackschäden an der Stoßstange, dem rechten vorderen Kotflügel und der rechten Tür vorhanden sind. Ferner zeigen Lichtbilder rote Lackspuren an einer Leitplanke auf der Autobahn und Reifenabrieb auf dem Standstreifen in unmittelbarer Nähe. Beigefügt ist außerdem ein von der *FLEXIGO GmbH* in Auftrag gegebener Kostenvoranschlag der *Auto-Schulz GmbH* vom 26.01.2021, aus dem sich voraussichtliche Reparaturkosten von 8.100,00 € netto ergeben.

Landespolizeiinspektion Jena 28.01.2021
Am Anger 30 17.00 Uhr
07743 Jena

Tgb.-Nr. 55-2021-3387

Beschuldigtenvernehmung

Familienname:	*Flüchter*
Vorname:	*Tanja*
geb. am:	26.10.2000
Geburtsort:	Erlangen
Beruf:	Studentin der Medizin
Staatsangehörigkeit:	deutsch
Familienstand:	ledig
Wohnort:	Schlegelstraße 8, 07747 Jena

Nach eigenen Angaben noch nicht geahndet.

[Belehrung]

Zur Sache:
Ich werde einen Anwalt beauftragen und mich dann eventuell äußern. Derzeit mache ich keine Angaben. Keinesfalls bin ich damit einverstanden, dass mir der Führerschein abgenommen wird. Ich brauche ihn dringend.

selbst gelesen, genehmigt
Hurtig und unterschrieben
POM *Tanja Flüchter*

Landespolizeiinspektion Jena 02.02.2021
Am Anger 30
07743 Jena

Tgb.-Nr. 55-2021-3387

U.m.A. der

Staatsanwaltschaft Gera

zur weiteren Entscheidung übersandt.

Hurtig
POM

Staatsanwaltschaft Gera 05.02.2021
124 Js 456/21

Ermittlungsverfahren gegen: *Flüchter, Tanja*
w e g e n: Unerlaubten Entfernens vom Unfallort

U.m.A. dem

Amtsgericht Gera – Ermittlungsrichter –

mit dem Antrag übersandt, die vorläufige Entziehung der Fahrerlaubnis der Beschuldigten anzuordnen.

Dr. Stelter-Kamp
Staatsanwältin

III. Bearbeitervermerk

1. Der Sachverhalt ist zu begutachten und die Entscheidung des Gerichts vorzuschlagen.

2. Der im Ermittlungsbericht genannte Unfallort liegt im Bezirk der Staatsanwaltschaft Gera und des Amtsgerichts Stadtroda. Der Wohnort der Beschuldigten liegt im Bezirk der Staatsanwaltschaft Gera und des Amtsgerichts Jena.

3. Die Beschlagnahme des Führerscheins wurde ordnungsgemäß dokumentiert.

IV. Lösungsvorschlag

172 Ich berichte Ihnen von einem Ermittlungsverfahren der *Staatsanwaltschaft Gera*, in dessen Zusammenhang das *Amtsgericht Gera* im Februar 2021 über einen Antrag auf vorläufige Entziehung der Fahrerlaubnis zu entscheiden hat. Beschuldigte ist Frau *Tanja Flüchter* aus Jena. Dem Verfahren liegt folgender Sachverhalt zugrunde:

Die Beschuldigte mietete am 20.01.2021 im Wege des sog. Carsharing einen PKW der Marke Smart bei der Fa. *FLEXIGO GmbH* in Jena, wobei dieses Unternehmen auch Eigentümerin des Fahrzeugs ist. Bei der Rückgabe des Fahrzeugs am 21.01.2021 um 10.00 Uhr erfolgte – wie allgemein vorgesehen – keine Untersuchung des Fahrzeugs durch den Vermieter. Allerdings stellte ein Mitarbeiter der Fa. *FLEXIGO GmbH* wenige Stunden später erhebliche Blech- und Lackschäden an der Stoßstange, dem rechten vorderen Kotflügel und der rechten Tür des PKW Smart fest. Gegenüber diesem Mitarbeiter erklärte die Beschuldigte telefonisch, dass sie in der Nacht vom 20.01. zum 21.01.2021 gegen 3.30 Uhr auf der Autobahn einen Unfall mit dem Fahrzeug erlitten habe und hierbei in die Leitplanke gefahren sei. Personen oder andere Fahrzeuge kamen nicht zu Schaden. Die Reparatur des Sachschadens an dem gemieteten PKW Smart wird entsprechend dem Kostenvoranschlag einer Fachwerkstatt 8.100,00 € netto kosten. Nach dem Unfall setzte die Beschuldigte die Fahrt fort, ohne die Polizei oder andere Personen zu informieren.

Im Rahmen der Beschuldigtenvernehmung machte Frau *Flüchter* keine Angaben zu Sache. Mit der Herausgabe ihres Führerscheins war sie nicht einverstanden, so dass er durch die Polizei beschlagnahmt wurde.

Die Staatsanwaltschaft beantragt, die vorläufige Entziehung der Fahrerlaubnis der Beschuldigten anzuordnen.

Ich schlage vor, dem Antrag der Staatsanwaltschaft stattzugeben. Dies ergibt sich aus folgender rechtlicher Würdigung:

Das angerufene *Amtsgericht Gera* ist örtlich und sachlich zuständig. Im Stadium des Vorverfahrens ist der Ermittlungsrichter bei dem Amtsgericht zuständig, in dessen Bezirk die antragstellende Staatsanwaltschaft ihren Sitz hat (§ 162 I 1 StPO). Nichts anderes gilt, wenn man an den Vornahmeort anknüpft, denn dieser liegt am Sitz der zuständigen Staatsanwaltschaft, in deren Akten sich der beschlagnahmte Führerschein befindet.[227]

Die Voraussetzungen der vorläufigen Entziehung der Fahrerlaubnis richten sich nach § 111a I StPO. Im vorliegenden Fall ist die Beschuldigte des Unerlaubten Entfernens vom Unfallort gem. § 142 I StGB verdächtig. Nach dem bisherigen Stand der Ermittlungen war sie am 21.01.2021 gegen 3.30 Uhr an einem Unfall im Straßenverkehr beteiligt. Denn der Zusammenstoß des von ihr geführten Fahrzeugs mit der Leitplanke stellt ein plötzliches Ereignis im öffentlichen Verkehr dar, das mit dessen Gefahren in ursächlichem Zusammenhang steht und zu einem nicht völlig belanglosen Sachschaden geführt hat.[228] Dieser Würdigung steht nicht entgegen, dass der Sachschaden ausschließlich an dem von der Tatverdächtigen geführten Fahrzeug entstanden ist. Sie war nicht Eigentümerin, sondern nur Mieterin des Fahrzeugs. Daher traf die Beschuldigte eine Feststellungspflicht gegenüber der Vermieterin, also hier der Fa. *FLEXIGO GmbH*.[229] Zwar wird im Schrifttum für die Fälle der klassischen Autovermietung zum Teil anderes vertreten, weil es der Vermieter dort in der Hand hat, das Fahrzeug mangelfrei an den Mieter zu übergeben und bei jeder Rückgabe zu kontrollieren.[230] Dies soll jedenfalls dann gelten, wenn der Unfallfahrer vertraglich für jeden Schaden und insbesondere auch für Zufall zu haftet.[231] Das hier erfolgte sog. Carsharing ist jedoch dadurch geprägt, dass bei der Rückgabe gerade keine Kontrolle des Fahrzeugzustandes erfolgt. Das Fahrzeug wird nach Ende der Nutzung abgestellt und später von einem anderen Mieter übernommen. Die Zuordnung eines irgendwann festgestellten Schadens ist in solchen Fällen zumindest deutlich schwieriger. Die Beweislast für eine Beschädigung während der Nutzungszeit des in Betracht kommenden Mieters trägt der Vermieter.[232] Ob im konkreten Fall solche Schwierigkeiten zu erwarten waren, ist unerheblich.[233] Daher fällt der Vermieter beim Carsharing in den Schutzbereich des

[227] KK-StPO/*Bruns*, § 111a Rn. 6a; MüKo-StVR/*Krafka*, 1. Aufl. 2016, StPO, § 111a Rn. 10; a.A. LG Zweibrücken NZV 1994, 293.

[228] Vgl. BGH NJW 2002, 626, 627; Schönke/Schröder/*Sternberg-Lieben*, § 142 Rn. 6 m.w.N.

[229] Vgl. OLG Celle JR 1979, 79; LG Darmstadt MDR 1988, 1072; AG Berlin-Tiergarten NStZ-RR 2018, 224.

[230] MüKo-StGB/*Zopfs*, § 142 Rn. 30; MüKo-StVR/*Schwerdtfeger*, 1. Aufl. 2016, StGB, § 142 Rn. 28; vgl. für Fälle des Leasing auch OLG Hamm NZV 1992, 240; OLG Hamburg NZV 1991, 33.

[231] LK/*Geppert*, § 142 Rn. 72.

[232] Palandt/*Weidenkaff*, BGB, 78. Aufl., § 538 Rn. 4; BeckOK-BGB/*Zehelein*, § 538 Rn. 22.

[233] OLG Celle JR 1979, 79; LG Darmstadt MDR 1988, 1072.

§ 142 StGB – nämlich das zivilrechtliche Beweissicherungsinteresse des Unfallgeschädigten[234] – und es ist nicht von einem mutmaßlichen Feststellungsverzicht auszugehen. Die Schadenshöhe liegt mit kalkulierten Reparaturkosten von netto 8.100,00 € auch deutlich über der Bagatellgrenze, ganz gleich ob man sie bei 50,00 €[235] oder 150,00 € ansetzt.[236]

Feststellungsbereite Personen waren offensichtlich nicht an Ort und Stelle. Die Beschuldigte hat allerdings auch nicht eine angemessene Zeit auf feststellungsbereite Personen gewartet, bevor sie den Unfallort verlassen hat (§ 142 I Nr. 2 StGB). Selbst nach Einhaltung der Wartezeit wäre sie verpflichtet gewesen, die Feststellungen unverzüglich nachträglich zu ermöglichen und ihre Unfallbeteiligung bei dem geschädigten Vermieter oder der Polizei zu melden (§ 142 II, III StGB). Dies ist nicht geschehen.

Es spricht alles dafür, dass die Beschuldigte die Unfallverursachung und einen nicht unerheblichen Fremdschaden erkannt hat.[237]

Von einem rechtswidrigen und schuldhaften Verhalten ist ebenfalls auszugehen. Es gibt auch keine Anhaltspunkte dafür, dass sich die Beschuldigte über das Vorliegen einer mutmaßlichen Einwilligung der Fa. *FLEXIGO GmbH* geirrt hat.[238]

Schließlich sind dringende Gründe für die Annahme vorhanden, dass der Beschuldigten im Zuge der Verurteilung wegen der ihr zur Last liegenden Tat die Fahrerlaubnis entzogen wird (§ 69 I 1, II Nr. 3 StGB). Im vorliegenden Fall ist an einer fremden Sache ein bedeutender Schaden entstanden, denn die bei ca. 1.500,00 € liegende Grenze wurde erheblich überschritten.[239] Dies konnte die Beschuldigte auch erkennen, so dass sie als ungeeignet zum Führen von Kraftfahrzeugen anzusehen ist. Besondere Umstände, die es rechtfertigen, von der vorläufigen Entziehung der Fahrerlaubnis abzusehen, liegen nicht vor.[240]

Der Beschuldigten ist gem. § 33 III StPO rechtliches Gehör zu gewähren. Dem wurde Rechnung getragen, da die Beschuldigte Gelegen-

---

234 BGH NJW 1959, 394.
235 OLG Nürnberg NZV 2007, 535.
236 Schönke/Schröder/*Sternberg-Lieben*, § 142 Rn. 9.
237 Vgl. zum Vorsatz OLG Köln NZV 2011, 510.
238 Vgl. hierzu BayObLG NZV 1992, 413.
239 Vgl. LG Braunschweig BeckRS 2016, 10302; AG Berlin-Tiergarten BeckRS 2015, 17028; Schönke/Schröder/*Kinzig*, § 69 Rn. 39; abweichend LG Nürnberg-Fürth, NZV 2020, 55 (2.500,00 €).
240 Vgl. MüKo-StPO/*Hauschild*, § 111a Rn. 15 ff.

heit hatte, sich zu den maßgeblichen Tatsachen vor der Polizei zu äußern.[241] Die Entscheidung des Gerichts ergeht durch Beschluss, der gem. § 34 StPO zu begründen ist.

Zusammenfassend schlage ich demnach vor, der Beschuldigten *Tanja Flüchter* vorläufig die Fahrerlaubnis zu entziehen.

Ich danke Ihnen für die Aufmerksamkeit!

V. Ergänzende Bemerkungen

Die materiell-rechtliche Würdigung steht im Spannungsfeld des **173** „klassischen" Tatbestandes des § 142 I StGB und moderner Formen der Fahrzeugnutzung. Die hier vorgeschlagene Lösung folgt der eingangs genannten Entscheidung des AG Berlin-Tiergarten. Eine andere Lösung ist vertretbar. Denn wenn das vom Unfallfahrer gemietete Fahrzeug die einzig beschädigte Sache darstellt, besteht keine Gefahr, dass der Schädiger in der Anonymität des modernen Massenverkehrs verschwindet und der geschädigte Eigentümer deshalb auf seinen berechtigten Ersatzansprüchen „sitzen bleibt".[242] Der Unfallfahrer ist dem Eigentümer bekannt. Aus dem geschlossenen Mietvertrag ergibt sich sowohl die Nebenpflicht des Mieters, den Vermieter von der erfolgten Beschädigung der Mietsache in Kenntnis zu setzen, als auch das Recht des Vermieters, eine Sichtkontrolle nach Rückgabe der Mietsache vorzunehmen. Er kann also die notwendigen Feststellungen zur Durchsetzung seiner Schadensersatzansprüche treffen und es stellt sich die Frage, ob er des Schutzes durch § 142 I StGB bedarf.

Eine gesonderte richterliche Entscheidung über die Beschlagnahme des Führerscheins ist nicht erforderlich (§ 111a III 1 StPO).

---

[241] MüKo-StPO/*Hauschild*, § 111a Rn. 26.

[242] *Quarch* NZV 2018, 437.

Übungsfall 4 – Qualifikationsfälschung?

I. Vorbemerkung

Dieser Aktenvortrag verlangt die anwaltliche Beratung wegen Vorgehens gegen einen Strafbefehl. Der Fall ist in seinem materiellen Kern an eine Originalentscheidung des OLG Oldenburg angelehnt.[243] 174

II. Aktenauszug

Rechtsanwälte 22.11.2019
Girardot & Partner
Kornmarkt 5
37073 Göttingen

1. Vermerk:
Heute erschien

Herr *Fabian Falsum*, Goßlerstraße 43, 37073 Göttingen,

in der Kanzlei, übergab einen Strafbefehl des Amtsgerichts Göttingen vom 01.11.2019 und erklärte folgendes:

Ich komme gerade von einer 2 ½-wöchigen privaten Spanien-Reise zurück. Während dieser Zeit war meine Wohnung unbenutzt und es hat sich auch niemand um meine Postsendungen gekümmert. Als ich gestern nach Hause zurückkehrte, entdeckte ich in meinem Briefkasten u.a. einen Umschlag des Amtsgerichts, in dem sich ein Strafbefehl befand. Hier, sehen Sie selbst. Danach soll ich eine Geldstrafe zahlen, sonst wandere ich ins Gefängnis.

Im Wesentlichen stimmt es, was in dem Strafbefehl geschrieben steht. Ich gebe ja zu, dass ich manipuliert habe. Ich betreibe einen kleinen Metallbaubetrieb. Zur damaligen Zeit ging es meinem Unternehmen wirtschaftlich aber nicht so gut. Der Auftrag der *Fa. Lackner* kam mir daher gerade recht, ich wollte ihn unbedingt erledigen. Allerdings war ein Qualifikationsnachweis der Klasse E erforderlich. Den hatte ich zwar mal, habe aber versäumt, ihn zu verlängern. Daher rief ich meinen Bekannten *Zeisig* an und bat ihn unter einem Vorwand, mir seine Bescheinigung zu faxen. Ich nahm den Ausdruck, klebte auf den

---

[243] OLG Oldenburg NStZ 2009, 391.

Mittelteil ein Blatt mit meinem Namen und meinen Daten und benutzte diese Vorlage für das Fax an die *Fa. Lackner.*

Ich glaube nicht, dass das alles strafbar gewesen sein soll. Die geforderten Stahlbauarbeiten hätte ich ordnungsgemäß ausführen können und war ganz gewiss ausreichend qualifiziert. Hinzu kam die wirtschaftliche Extremsituation. Das alles habe ich auch schon der Polizei erklärt, als sie mich Mitte Juli vernommen hat. Ich dachte, die Sache ist damit erledigt, habe mich aber offenbar geirrt.

Ich möchte diesen Strafbefehl nicht akzeptieren. Bitte überprüfen Sie, was dagegen unternommen werden kann und vertreten Sie mich in dieser Sache. Ich selbst habe noch nichts unternommen. Wenn es erforderlich ist, kann ich Ihnen die Reisedokumente vorbeibringen. Die zeigen ganz klar, dass ich mich vom 02.11. an in Spanien befunden habe.

2.
Vollmacht und Anlagen zur Akte nehmen.

Girardot
Rechtsanwalt

Anlage

Amtsgericht Göttingen 01.11.2019
Az.: 25 Cs 411 Js 288/19

Herr
Fabian Falsum
geb. am 14.03.1974 in Duderstadt
Goßlerstraße 43, 37073 Göttingen

S t r a f b e f e h l

Die Staatsanwaltschaft Göttingen beschuldigt Sie, am 24.06.2019 in Göttingen zur Täuschung im Rechtsverkehr eine unechte Urkunde gebraucht zu haben.

Ihnen wird folgendes zur Last gelegt:

Am 12.06.2019 wurden Sie durch die *Fa. Lackner GmbH & Co. KG*, Ebergötzen, mit der Durchführung von Stahlbauarbeiten beauftragt. Dieser Auftrag war an den Besitz der Herstellerqualifikation Klasse E nach DIN 18800 geknüpft. Nachdem Sie mehrmals zur Vorlage ihrer Bescheinigung aufgefordert worden waren, riefen Sie am 19.06.2019 den Zeugen *Zeisig* an und baten diesen, Ihnen seine Bescheinigung über die Herstellerqualifikation der Klasse E zu übersenden. Am gleichen Tag faxte Ihnen der Zeuge *Zeisig* seine Bescheinigung zu. Am 24.06.2019 um 11.15 Uhr übersandten Sie von Ihren Geschäftsräumen im Maschmühlenweg 7 in Göttingen aus an die *Fa. Lackner GmbH & Co. KG* mittels Telefax eine auf Ihren Namen ausgestellte Bescheinigung über die Qualifikation zum Schweißen von Stahlbauten nach DIN 18800, Klasse E. Diese Bescheinigung sollte am 12.09.2016 durch den Zeugen *Dr.-Ing. Paulhuber* ausgestellt worden sein.

Die übermittelte Bescheinigung war, wie Sie wussten, falsch. Denn für Sie war am 12.09.2016 keine Qualifikation zum Schweißen von Stahlbauten ausgestellt worden. Mit dem Telefax vom 24.06.2019 wollten Sie den Nachweis erbringen, über eine solche Qualifikation zu verfügen.

Strafbar als Urkundenfälschung nach § 267 I 3. Fall StGB.

<u>Beweismittel:</u>
– Telefaxausdruck
– Zeugen: Britta Bürgel, Fa. Lackner
Rüdiger Zeisig
Dr.-Ing. Leonhard Paulhuber

Auf Antrag der Staatsanwaltschaft wird gegen Sie eine Geldstrafe von 30 Tagessätzen zu je 55,– € festgesetzt.

Zugleich werden Ihnen die Kosten des Verfahrens auferlegt. Ihre eigenen Auslagen haben Sie selbst zu tragen.

Sollte die Geldstrafe uneinbringlich sein, tritt an ihre Stelle Freiheitsstrafe, wobei einem Tagessatz ein Tag Freiheitsstrafe entspricht.

[Rechtsbehelfsbelehrung] …

Dr. Härter
RiAG

Laut Briefumschlag ist der Strafbefehl am 05.11.2019 in den Briefkasten des Mandanten eingelegt worden, nachdem in der Wohnung niemand anzutreffen war.

Rechtsanwälte 26.11.2019
Girardot & Partner
Kornmarkt 5
37073 Göttingen

Vermerk:

Ich habe heute beim *Amtsgericht Göttingen* Einsicht in die Strafakte 25 Cs 411 Js 288/19 genommen. In der Akte befindet sich ein Telefax, das die *Fa. Lackner* am 26.06.2019 bei der Polizeiinspektion Göttingen vorgelegt hat. Dieses Telefax trägt in der Kopfzeile folgenden Absendervermerk: „24.06.2019 – 11.15 Uhr – 0049 551 2105834 – Metallbau Falsum – Seite 1/2"

Es umfasst ein Deckblatt und bildet auf Seite 2 eine Bescheinigung über die Herstellerqualifikation zum Schweißen von Stahlbauten nach DIN 18800 der Klasse E ab, welche für den Mandanten ausgestellt ist, das Prüfdatum 12.09.2016 enthält und mit der Namensunterschrift des Prüfers *Dr.-Ing. Leonhard Paulhuber* versehen ist.

Außerdem befindet sich in der Akte die Zustellungsurkunde für den Strafbefehl vom 05.11.2019.

Girardot
Rechtsanwalt

III. Bearbeitervermerk

1. Die Angelegenheit ist aus anwaltlicher Sicht im Kurzvortrag zu bewerten. Bearbeitungszeitpunkt ist der 26.11.2019. Dabei sollen auch Überlegungen zur Zweckmäßigkeit angestellt werden.
2. Sollte eine Frage für beweiserheblich gehalten werden, so ist eine Prognose zur Beweislage zu treffen.
3. Werden Anträge an ein Gericht empfohlen, so sind diese am Ende des Vortrags auszuformulieren.
4. Nebenstrafrecht und Ordnungswidrigkeiten sind nicht zu prüfen.
5. Die Formalien sind in Ordnung.

IV. Lösungsvorschlag

Ich berichte über eine strafrechtliche Beratung durch Herrn Rechtsanwalt *Girardot* in Göttingen. Mandant ist Herr *Fabian Falsum* aus Göttingen, der am 22.11.2019 in der Kanzlei erschien. Er überreichte einen Strafbefehl des *Amtsgerichts Göttingen*, den er Tags zuvor in seinem Briefkasten vorgefunden habe, der dort jedoch bereits am 05.11.2019 eingelegt worden ist. Der Mandant erklärt, er habe sich vom 02.11.2019 an auf einer ca. 2 ½-wöchigen privaten Auslandsreise befunden. Dies könne er durch die Reisedokumente belegen. Während dieser Zeit sei sein Briefkasten nicht geleert worden. **175**

In dem Strafbefehl wird der Mandant beschuldigt, im Juni 2019 eine unechte Urkunde gebraucht zu haben. Wegen dieser Tat wurde gegen ihn eine Geldstrafe von 30 Tagessätzen zu je 55,– € festgesetzt.[244]

Der Mandant räumt den Sachverhalt im Wesentlichen ein. Er sei von der *Fa. Lackner GmbH & Co. KG* mit der Durchführung von Stahlbauarbeiten beauftragt worden. Den erforderlichen Qualifikationsnachweis zum Schweißen von Stahlbauten habe er zu dieser Zeit nicht besessen. Daher habe ein Bekannter, der Zeuge *Zeisig*, ihm auf Bitten dessen Nachweis per Telefax übermittelt. Den Telefaxausdruck manipulierte er dergestalt, dass er ihn teilweise überklebte, mit seinen persönlichen Angaben versah und als Vorlage für ein Telefax mit Deckblatt an die *Fa. Lackner* nutzte. Das dort eingegangene Telefax befindet sich bei der Strafakte.

Der Mandant bittet um Prüfung, was gegen den Strafbefehl unternommen werden kann.

Ich schlage vor, sich beim *Amtsgericht Göttingen* unter Vorlage einer Vollmacht als Verteidiger anzuzeigen, Wiedereinsetzung in den vorigen Stand zu beantragen und Einspruch gegen den Strafbefehl einzulegen. Dies ergibt sich aus folgender rechtlichen Würdigung:

Gegen den Strafbefehl ist der Einspruch beim Erlassgericht statthaft, § 410 I 1 StPO. Hier ist jedoch die 2-wöchige Einspruchsfrist bereits verstrichen. Denn die Zustellung des Strafbefehls erfolgte am 05.11.2019 infolge Abwesenheit des Mandanten ersatzweise durch Einlegen dessen Briefkasten, § 37 I StPO, § 180 ZPO.[245] Mithin lief die Frist am 19.11.2019 ab. Jedoch war diese Fristversäumnis unverschuldet, so dass für den Mandanten gem. § 44 StPO Wiedereinsetzung in den vorigen Stand beantragt werden kann. Wer eine ständige Wohnung hat und diese – wie der Mandant – nur vorübergehend nicht benutzt,

---

[244] Der übrige Rechtsfolgenausspruch muss nicht zwingend mitgeteilt werden.
[245] Vgl. hierzu *Meyer-Goßner/Schmitt*, § 37 Rn. 13a.

braucht für die Zeit seiner urlaubsbedingten Abwesenheit keine besonderen Vorkehrungen hinsichtlich möglicher Zustellungen zu treffen, auch wenn gegen ihn Ermittlungen geführt werden und er schon polizeilich vernommen worden ist.[246] Im Übrigen dürfen die Anforderungen auch deshalb nicht überspannt werden, weil es vorliegend um die erstmalige Möglichkeit rechtlichen Gehörs geht. Dass der Mandant nicht rechtzeitig von dem Strafbefehl Kenntnis erlangt hat, ist ihm daher nicht vorzuwerfen. Die Abwesenheit des Mandanten ist durch Vorlage der Reisedokumente glaubhaft zu machen, § 45 II 1 StPO.

Der Wiedereinsetzungsantrag ist schriftlich oder zu Protokoll der Geschäftsstelle zu stellen.[247] Er unterliegt seinerseits der Wochenfrist des § 45 I 1 StPO. Außerdem ist der versäumte Einspruch in gleicher Form nachzuholen (§§ 45 II 2, 410 I 1 StPO).

Fraglich ist aber, ob der Rechtsbehelf auch in der Sache Erfolg hat. Dem Mandanten wird eine Urkundenfälschung gem. § 267 I 3. Fall StGB zur Last gelegt. Er räumt ein, das Telefax mit der Qualifikationsbescheinigung durch Überkleben manipuliert, mit dem eigenen Namen versehen und erneut per Telefax an seinen Auftraggeber übersandt zu haben. Hierbei müsste es sich um eine unechte Urkunde gehandelt haben. Urkunden sind verkörperte Gedankenerklärungen, die zum Beweis im Rechtsverkehr geeignet und bestimmt sind und ihren Aussteller erkennen lassen.[248]

Diese Voraussetzungen erfüllte meines Erachtens weder das vom Zeugen *Zeisig* übersandte Telefax, noch die vom Mandanten hergestellte Vorlage – eine sog. Collage – oder das bei der *Fa. Lackner* eingegangene Telefax. In allen Fällen handelte es sich um Reproduktionen eines scheinbaren Originals. Wie bei einer Fotokopie ist darin keine Urkunde zu erblicken, solange sie nicht nach außen als Original erscheint und vom Täter als solches ausgegeben wird.[249] Letzteres ist hier nicht der Fall, weil für alle Beteiligten erkennbar war, dass nicht das Original des Qualifikationsnachweises übermittelt werden sollte.[250] Vielmehr wurde lediglich die Fernkopie einer vorhandenen Urkunde

---

[246] BVerfG NJW 1993, 847; VerfG Brandenburg NStZ-RR 2002, 239; LG Zweibrücken NStZ 1998, 267.

[247] KK-StPO/*Maul*, § 45 Rn. 2.

[248] BGHSt 4, 284; Schönke/Schröder/*Heine*/*Schuster*, § 267 Rn. 2 m.w.N.

[249] BayObLG NJW 1989, 2553 f.; OLG Hamm BeckRS 2016, 9325 = JuS 2016, 1039 (*Hecker*); OLG Düsseldorf NJW 2001, 167; *Fischer*, § 267 Rn. 12d.

[250] Vgl. BGH NStZ 2010, 703 (704) = JuS 2010, 554 (*Jahn*); OLG Hamburg NStZ-RR 2013, 110; OLG Oldenburg NStZ 2009, 391; OLG Zweibrücken NJW 1998, 2918.

versandt, um deren Existenz zu belegen.[251] Ein anderer Eindruck war nicht beabsichtigt. Jedenfalls im hier vorliegenden Fall kann auch nicht angenommen werden, der Empfängerausdruck enthalte durch die Absenderkennzeichnung eine Art Garantieerklärung für die originalgetreue Wiedergabe des übermittelten Schriftstücks.[252] Denn Absender und Aussteller des Dokuments waren offensichtlich nicht identisch.[253]

Damit ist schon der objektive Tatbestand nicht erfüllt und der Vorwurf der Urkundenfälschung wird sich nicht aufrechterhalten lassen.

Auch ein versuchter Betrug gem. §§ 263 II, 22, 23 I StGB kommt nicht in Betracht, weil dem Mandanten ein Vorsatz, das Vermögen der *Fa. Lackner* zu schädigen, nicht nachgewiesen werden kann.

Der Mandant hat Aussicht, in vollem Umfang freigesprochen zu werden. Es ist daher zweckmäßig, gegen den Strafbefehl Einspruch einzulegen. Der Tenor des Schriftsatzes lautet wie folgt:

1. Wegen der Versäumung der Einspruchsfrist beantrage ich, meinem Mandanten Wiedereinsetzung in den vorigen Stand zu gewähren.

2. Gegen den Strafbefehl vom 01.11.2019 lege ich Einspruch ein.

Herzlichen Dank.

V. Ergänzende Bemerkungen

In der Sachverhaltsschilderung muss der Inhalt des Strafbefehls **176**
nicht ausführlich wiedergegeben werde, weil er dem entspricht, was der Mandant in der nachfolgenden Passage einräumt.

Die Urkundenqualität von Reproduktionen (Fotokopie, Telefax) gehört zu den klassischen Problemen im Rahmen von § 267 StGB.[254] Wer mit der oben zitierten Gegenansicht annimmt, das Telefax habe im Geschäftsverkehr den Wert eines Originals, kann zu einem abweichenden Ergebnis kommen.

Aus der Rechtsprechung zur Einlegung eines Rechtsmittels per Telefax[255] lässt sich kaum das Gegenteil der hier vorgeschlagenen Lösung folgern.[256] Denn diese zugunsten des Rechtsmittelführers erfolgte Bewertung taugt nicht für den strafrechtlichen Urkundenbegriff und damit zulasten des Beschuldigten.

---

[251] Vgl. MüKo-StGB/*Erb*, § 267 Rn. 89.
[252] So SK/*Hoyer*, § 267 Rn. 21; Schönke/Schröder/*Heine*/*Schuster*, § 267 Rn. 43.
[253] Ebenso *Beckemper* JuS 2000, 123 (125).
[254] Vgl. hierzu *Beck* JA 2007, 423.
[255] Vgl. BVerfG NJW 1987, 2067; BGH NJW 1990, 990.
[256] Anders jedoch SK/*Hoyer*, § 267 Rn. 21.

Die Zulässigkeit des Einspruchs bildet eines der Hauptprobleme des Falles, so dass es schon aus diesem Grund geboten erscheint, sie vor den materiell-rechtlichen Erwägungen zu behandeln.[257]

Man kann die rechtliche Würdigung etwas strenger nach Tathandlungen strukturieren und zwischen der Herstellung und dem Gebrauch einer unechten Urkunde unterscheiden bzw. dem Verfälschen einer echten Urkunde abgrenzen. Darunter darf die Vortragsdauer natürlich nicht leiden.Im Hinblick auf die in Kürze ablaufende Frist für den Wiedereinsetzungsantrag erscheint es zweckmäßig, diesen vorab per Telefax an das Gericht zu übermitteln.

---

[257] *Preuß* ZJS 2017, 176 (184); a.A. *Dinter/David* JA 2012, 281 (284).

Übungsfall 5 – Rom brennt

I. Vorbemerkung

Dem folgenden Fall aus dem Bereich der Revision liegen eine Bearbeitungszeit von 90 Minuten und eine Vortragszeit von 10 Minuten zu Grunde. 177

II. Aktenauszug

2 KLs 123 Js 6789/20

Sitzungsbeginn: 9.00 Uhr
Sitzungsende: 16.50 Uhr

Protokoll der Hauptverhandlung

Aufgenommen in der öffentlichen Sitzung der 2. Großen Strafkammer des *Landgerichts Kaiserslautern* am Mittwoch dem 18. Mai 2020

Gegenwärtig:
Vorsitzender Richter am Landgericht *Obermann*
als Vorsitzender,
Richter am Landgericht *Untermüller* und
Richter am Landgericht *Meyer*
als Beisitzer,
Erich Bauer, Landwirt aus Kaiserslautern, und
Sandra Nagel, Hausfrau aus Kaiserslautern
als Schöffen,
Oberstaatsanwalt *Meck*
als Beamter der Staatsanwaltschaft,
Justizobersekretär *Stift*
als Urkundsbeamter der Geschäftsstelle.

In dem Strafverfahren gegen *Nero Claudius Schmidt*
Verteidiger: Rechtsanwalt *Roland Spät*
wegen Brandstiftung

beginnt die Hauptverhandlung mit dem Aufruf zur Sache und der Mitteilung der Besetzung des Gerichts. Nach Feststellung des Vorsitzenden sind erschienen:

1. Der Angeklagte *Nero Claudius Schmidt* mit seinem Verteidiger Rechtsanwalt *Spät*,
2. die Zeugen
   a) Kriminalhauptkommissar *Stürmisch*,
   b) *Udo Wirt*,
   c) *Poppaea Sabina*,
3. der Sachverständige *Dr. Olaf Schlau*.

Die Zeugen und der Sachverständige werden mit dem Gegenstand des Verfahrens und der Person des Angeklagten bekannt gemacht. Sie werden gemäß §§ 57, 72 StPO belehrt.

Die Zeugen verlassen den Sitzungssaal.

Dem Sachverständigen *Dr. Schlau* wird mit allseitiger Zustimmung die Anwesenheit im Sitzungssaal gestattet.

Zur Person vernommen, erklärt der Angeklagte:

Schmidt, Nero Claudius, geboren am 15. Dezember 1988 in Münster, geschieden, Sänger, wohnhaft in Kaiserslautern, Nordstraße 6.

Der Vertreter der Staatsanwaltschaft verliest sodann die Anklageschrift.

Der Angeklagte wird gem. § 243 IV 1 StPO belehrt.

Er macht Angaben zur Sache.

Sodann wird der Zeuge Kriminalhauptkommissar *Stürmisch* hereingerufen und vernommen wie folgt:

Hans Stürmisch, geb. 9. November 1971, Kriminalhauptkommissar, Kriminalpolizei Kaiserslautern, mit dem Angeklagten nicht verwandt und nicht verschwägert.

Der Zeuge sagt zur Sache aus.

Sodann wird der Zeuge *Wirt* hereingerufen und vernommen wie folgt:

Wirt, Udo, geb. 6 Juli 1961, verheiratet, Gastwirt, wohnhaft in Kaiserslautern, Hundeplatz 43, mit dem Angeklagten nicht verwandt und nicht verschwägert.

Der Zeuge erklärt, dass er nur aussage, wenn der Angeklagte nicht anwesend sei. Der Verteidiger des Angeklagten, Rechtsanwalt *Spät*, erklärte, sein Mandant werde während der Vernehmung des Zeugen *Wirt* freiwillig den Sitzungssaal verlassen.

Der Angeklagte verlässt freiwillig mit Einverständnis des Gerichts den Sitzungssaal.

Der Zeuge *Wirt* sagt zur Sache aus.

Der Angeklagte wird wieder in den Sitzungssaal geführt und über den Inhalt der Aussage des Zeugen *Wirt* unterrichtet.

Sodann wird die Zeugin *Poppaea Sabina* hereingerufen und vernommen wie folgt:

Poppaea Sabina, geboren 1. April 1978 in Bielefeld, geschieden, Bedienung, mit dem Angeklagten verlobt.

Die Zeugin sagt zur Sache aus. Sodann belehrt der Vorsitzende die Zeugin gem. § 52 III 1 StPO. Die Zeugin erklärt, sie wolle nunmehr keine Angaben mehr machen.

Die Zeugin wird auf Anordnung des Vorsitzenden gesetzlich vereidigt. Sie leistet den Eid ohne religiöse Beteuerung.

Sodann wird der Sachverständige *Dr. Schlau* hervorgerufen und vernommen wie folgt:

Dr. Olaf Schlau, Diplomchemiker, verheiratet, 35 Jahre alt, mit dem Angeklagten nicht verwandt und nicht verschwägert.

Der Sachverständige macht Angaben zur Sache.

Die Beweisaufnahme wird unter Beachtung der §§ 240, 257 StPO geschlossen.

Der Sitzungsvertreter der Staatsanwaltschaft beantragt in seinem Schlussvortrag, den Angeklagten wegen besonders schwerer Brandstiftung zu einer Freiheitsstrafe von 12 Jahren zu verurteilen und ihm die Kosten des Verfahrens aufzuerlegen.

Der Verteidiger widersetzt sich der Verwertung der Aussage des Zeugen KHK *Stürmisch*, soweit diese die Aussage des Angeklagten bei der Vernehmung nach dem Brand betrifft.

Der Verteidiger beantragt in seinem Schlussvortrag, den Angeklagten freizusprechen, für den Fall einer Verurteilung zu einer Freiheitsstrafe, deren Vollstreckung nicht zur Bewährung ausgesetzt wird, stellt er folgenden Beweisantrag:

Ich beantrage die Vernehmung des Zeugen *Harald Kumpel*, Hermannstraße 29, Westerfeld, zu der Behauptung, der Angeklagte sei von einem gewissen *Lutz Gelba* unter Morddrohung dazu gezwungen worden, den Brand zu legen.

Der Angeklagte erhält das letzte Wort.

Nach geheimer Beratung verkündet der Vorsitzende durch Verlesen der Urteilsformel und mündliche Bekanntgabe der Gründe im Namen des Volkes folgendes

Urteil

1. Der Angeklagte ist schuldig der besonders schweren Brandstiftung.
2. Er wird deshalb zu einer Freiheitsstrafe von 11 Jahren verurteilt.
3. Der Angeklagte hat die Kosten des Verfahrens zu tragen.

Rechtsmittelbelehrung wird vom Vorsitzenden erteilt.

Das Protokoll wurde fertig gestellt am 22. Mai 2020.

Obermann	*Stift*
Vorsitzender Richter am Landgericht	Justizobersekretär

Auszug aus den Gründen des dem Verteidiger am 8. Juni 2020 zugestellten Urteils:

…

I.

[Es folgen Ausführungen zu den persönlichen Verhältnissen des Angeklagten ...]

II.

Im September 2019 lernte der Angeklagte in dem Lokal, in dem seine Lebensgefährtin bediente, Personen kennen, die ihren Lebensunterhalt durch die Erpressung von Gastwirten bestreiten. Ein bislang Unbekannter bot dem Angeklagten, der sich zum damaligen Zeitpunkt in erheblichen finanziellen Schwierigkeiten befand, eine Geldsumme von 15.000,– € in bar an, wenn er gegenüber dem Inhaber der Pizzeria „Rom" in Kaiserslautern, Am Westberg 5, erkläre, die Gaststätte werde in Flammen aufgehen, wenn der Inhaber, der Zeuge *Wirt*, nicht an den Angeklagten ein Lösegeld von 50.000,– € bezahle. Der Angeklagte sollte das Lösegeld an den Unbekannten weiterleiten.

Der Angeklagte erhielt von dem Unbekannten einen Vorschuss von 5.000,– €. Am 30. September 2019 gegen 22.00 Uhr begab sich daraufhin der Angeklagte erstmals in die Pizzeria, nahm dort eine Mahlzeit ein und bat sodann den *Wirt*, ihm unauffällig auf die Herrentoilette zu folgen.

Dort erklärte der Angeklagte dem Zeugen *Wirt*, er werde die Gaststätte alsbald anzünden, wenn *Wirt* ihm nicht bis 10. Oktober 2019, 23.00 Uhr, einen Betrag von 50.000,– € übergebe.

Der Zeuge *Wirt* nahm die Drohung ernst, verständigte aber aus Angst nicht die Polizei. Am 10. Oktober 2019 gegen 23.00 Uhr erschien der Angeklagte erneut in der Gaststatte und forderte wiederum das Lösegeld vom Zeugen *Wirt*. Dieser sagte, er habe einen solch hohen Geldbetrag nicht aufbringen können. Daraufhin verließ der Angeklagte wortlos die Gaststätte.

Bei dem Gebäude, in dem sich die Pizzeria befindet, handelt es sich um einen renovierten Altbau aus dem 17. Jahrhundert. In den Geschossen über der sich im Erdgeschoss befindlichen Gaststätte liegen insgesamt 4 Wohnungen. In dem Haus wohnen insgesamt 12 Personen. Dass das Haus auch zu Wohnzwecken genutzt wurde, war dem Angeklagten bekannt.

Um seiner Drohung nach Zahlung des Lösegeldes Nachdruck zu verleihen, begab sich der Angeklagte in der Nacht vom 21. zum 22. Oktober 2019 gegen 4.00 Uhr früh – die Gaststätte war etwa seit Mitternacht geschlossen – an eine Tür der Gaststätte, die zu einem kleinen Hinterhof führt. Er öffnete diese nicht verschlossene Tür und schüttete in den Vorraum der Gaststätte etwa 20 Liter Benzin, die er in einem Reservekanister mitgebracht hatte. Der Angeklagte entzündete das Benzin mit einem Streichholz und entfernte sich rasch. Sofort entzündete sich das Feuer und breitete sich auf den Parkettfußboden, die Türen und Fenster sowie die aus Holz und Kunststoff bestehenden Einrichtungsgegenstände und Vorhänge aus. Der Boden, die Türen und Fenster brannten in einer Weise, dass sie auch nach Entfernung des Zündmittels weitergebrannt hätten. Der Gesamtschaden am Gebäude und an den Einrichtungsgegenständen beträgt etwa 400.000,– €. Das Feuer wurde bereits nach 5 bis 10 Minuten von Bewohnern des Hauses entdeckt und von der sofort alarmierten Berufsfeuerwehr innerhalb von etwa 30

Minuten nach Ausbruch vollständig gelöscht. Es bestand keine Gefahr, dass das Feuer auf die in dem Haus befindlichen Wohnungen übergriff.

III.

Der Angeklagte räumte von Anfang an ein, auf Veranlassung eines Dritten und nach Zahlung des Vorschusses den Zeugen *Wirt* mit dem Inbrandsetzen der Gaststätte bedroht zu haben, verweigerte aber im Übrigen zunächst sämtliche Angaben zur Sache. Erst nach Vernehmung seiner Verlobten, die berichtete, dass in der Brandnacht der Angeklagte die gemeinsame Wohnung in auffälliger Weise mit einem schweren Benzinkanister verlassen habe und nicht bereit war, ihr, der Zeugin, zu erklären, was er in der Nacht mit dem Benzin vorhabe, gab der Angeklagte auch die Inbrandsetzung des Gebäudes zu. Der Angeklagte gab auch zu, gewusst zu haben, dass Menschen in den Wohnungen über dem Lokal leben. Hierüber habe er sich aber weiter keine Gedanken gemacht. Maßgebliches Motiv seien seine ständigen finanziellen Probleme gewesen.

Der Angeklagte verteidigte sich aber mit dem Hinweis, ein Unbekannter habe ihm, dem Angeklagten damit gedroht, ihn zu töten, wenn er „abspringe" und das „Geld nicht herbeischaffe". Zum Beweis für diese Einlassung wurde vom Verteidiger die Einvernahme des Zeugen *Kumpel* hilfsweise beantragt. Insoweit handelte es sich aber um keinen zulässigen Beweisantrag. Auch die Aufklärungspflicht zwang das Gericht, das die Einlassung des Angeklagten, die von seiner Verlobten nicht ansatzweise betätigt wurde, für eine reine Schutzbehauptung hält, nicht zur Einvernahme des Zeugen *Kumpel.*

Die Schilderung des Brandhergangs wird im Übrigen durch die Ausführungen des Sachverständigen *Dr. Schlau* bestätigt. Der Sachverständige hatte die Brandstelle am Morgen nach der Tat untersucht und in Übereinstimmung mit dem Geständnis des Angeklagten den Brandherd und Brandverlauf festgestellt.

Der Zeuge *Wirt* schilderte glaubwürdig die Schäden an der Gaststätte sowie die Drohungen des Angeklagten. Er hat den Angeklagten zweifelsfrei als denjenigen wiedererkannt, der ihm zweimal mit dem Inbrandsetzen gedroht hat.

Große Bedeutung kam schließlich der Aussage des Zeugen *Stürmisch* zu. Er berichtete, ohne dass Zweifel an seiner Glaubwürdigkeit bestanden, ein bislang unbekannter Mann habe sich einen Tag nach dem Brand telefonisch bei ihm in der Dienststelle gemeldet und in gebrochenem Deutsch erzählt, der Angeklagte habe den Brand gelegt. Daraufhin habe sich der Zeuge sofort in die Wohnung des Angeklagten begeben, diesen dort gegen 10.00 Uhr im Bett liegend angetroffen. Auf Frage des Polizeibeamten, was es mit dem im Zimmer stehenden leeren Benzinkanister für eine Bewandtnis habe, habe der Angeklagte den Brand und die Drohungen gegenüber *Wirt* eingeräumt, ohne auch nur andeutungsweise darauf hinzuweisen, er selbst sei mit dem Tode bedroht worden, wenn er die Tat nicht ausführe. Zweifel an der Verwertbarkeit dieser spontanen Äußerung des Angeklagten bestanden nicht, obgleich eine förmliche Belehrung nicht erfolgte.

Das Gericht hatte keine Zweifel, dass der Angeklagte den Zeugen *Wirt* mit der Inbrandsetzung der Gaststätte bedroht und die Gaststätte zur Unterstützung der Drohungen in Brand gesetzt hat.

IV.

[Es folgen Ausführungen zur rechtlichen Würdigung und Strafzumessung sowie zur Kostenentscheidung ...]

Obermann	*Untermüller*	*Meyer*
Vorsitzender Richter am Landgericht	Richter am Landgericht	Richter am Landgericht

---

Am 25. Mai 2020 legt Rechtsanwalt *Spät* für den Verurteilten ordnungsgemäß Revision ein. Er bittet Rechtsreferendarin *Anna Will*, die Erfolgsaussichten der Anfechtung des Urteils im Hinblick auf Verfahrensfehler zu begutachten.

III. Bearbeitervermerk

1. Es ist zu unterstellen, dass die Revisionsbegründungsfrist noch läuft.
2. Der Sachverhalt ist darzustellen.
3. Das erbetene Gutachten der Rechtsreferendarin *Will* ist zu erstatten. Auf die Verletzung materiellen Rechts ist dabei nicht einzugehen. Es ist ein Vorschlag für das weitere Vorgehen zu unterbreiten und ein gegebenenfalls zu stellender Antrag zu entwerfen.
4. Es ist davon auszugehen, dass nicht abgedruckte Teile des Urteils oder des Hauptverhandlungsprotokolls für die Bearbeitung ohne Bedeutung sind.

IV. Lösungsvorschlag

178 Vorliegend geht es um die anwaltliche Begutachtung, ob eine gegen ein Urteil des *Landgerichts Kaiserslautern* aus dem Jahre 2020 eingelegte Revision auf Verfahrensfehler gestützt werden kann. Es ist über das weitere Vorgehen zu entscheiden.

Durch Urteil der 2. Großen Strafkammer des *Landgerichts Kaiserslautern* vom 18. Mai 2020 ist der Angeklagte *Nero Claudius Schmidt* wegen besonders schwerer Brandstiftung zu einer Freiheitsstrafe von 11 Jahren verurteilt worden.

Nach den Feststellungen des Gerichts bot ein Unbekannter dem Angeklagten im Herbst 2019 die Zahlung von 15.000,– € in bar an, damit dieser vom Zeugen *Wirt*, dem Inhaber einer Gaststätte in Kaiserslautern, 50.000,– € Lösegeld verlange und an den Unbekannten weiterleite. Der Angeklagte forderte zweimal erfolglos das Geld von Wirt und zündete daraufhin die Gaststätte an, um seiner Forderung Nachdruck zu verleihen.

Das Gericht stützt die Urteilsfeststellungen auf ein Geständnis des Angeklagten, auf das Gutachten des Sachverständigen *Dr. Schlau* und auf die belastenden Aussagen der Zeugen *Wirt*, *Stürmisch* und *Sabina*.

Zum Verfahrensgang lässt sich folgendes festhalten: In der Hauptverhandlung vom 18. Mai 2020 wurde dem Sachverständigen *Dr. Schlau* während der Vernehmung des Angeklagten die Anwesenheit im Sitzungssaal mit allseitiger Zustimmung gestattet.

Die Zeugin *Sabina*, Verlobte des Angeklagten, sagte aus, dass der Angeklagte die gemeinsame Wohnung in der Brandnacht in auffälliger Weise mit einem Benzinkanister verlassen habe. Nach dieser Aussage belehrte der Vorsitzende die Zeugin gemäß § 52 III 1 StPO, woraufhin sie keine Angaben mehr machen wollte. Die Zeugin wurde auf Anordnung des Vorsitzenden vereidigt.

Der Zeuge *Wirt* erklärte, nur in Abwesenheit des Angeklagten aussagen zu wollen. Dieser verließ daraufhin freiwillig und mit dem Einverständnis des Gerichts den Sitzungssaal, wurde nach der Aussage des Zeugen *Wirt* wieder in den Sitzungssaal geführt und über den Inhalt der Aussage unterrichtet.

Der Zeuge Kriminalhauptkommissar *Stürmisch* sagte aus, dass er sich sofort in die Wohnung des Angeklagten begeben habe, nachdem ein anonymer Anrufer den Angeklagten als Täter der Brandstiftung bezeichnet hatte. Auf die im Zimmer stehenden leeren Benzinkanister angesprochen, habe der Angeklagte den Brand und die Drohungen gegenüber Wirt eingeräumt. Nach dem Schlussvortrag des Sitzungsvertreters der Staatsanwaltschaft widersprach der Verteidiger der Verwertung dieser Aussage.

Der Verteidiger beantragte in seinem Schlussvortrag, den Angeklagten freizusprechen, für den Fall einer Verurteilung zu einer Freiheitsstrafe, deren Vollstreckung nicht zur Bewährung ausgesetzt wird, beantragte er hilfsweise die Einvernahme des Entlastungszeugen Kumpel. Eine Beweiserhebung erfolgte insoweit nicht. Das Gericht nimmt in den Urteilsgründen dazu Stellung.

Gegen das Urteil hat der Verteidiger des Angeklagten am 25. Mai 2020 Revision eingelegt.

Ich schlage vor, die Revision mit Verstößen gegen Verfahrensrecht zu begründen und die Aufhebung des Urteils zu beantragen. Die Revision ist zulässig. Die Revisionsanträge und die Revisionsbegründung müssen noch gem. den Anforderungen der §§ 344 und 345 StPO angebracht werden. Die Revisionsbegründungsfrist läuft noch.

Die Revision ist im Hinblick auf Verfahrensfehler begründet.

Die allgemeinen Verfahrensvoraussetzungen liegen vor. Das Urteil beruht allerdings auf der Verletzung des § 230 StPO. Nach dieser zwingenden Vorschrift findet gegen einen ausgebliebenen Angeklagten eine Hauptverhandlung nicht statt. Der Zeuge *Wirt* durfte somit in Abwesenheit des Angeklagten nicht vernommen werden. Zwar lässt § 247 StPO eine Ausnahme von der Anwesenheitspflicht des Angeklagten zu, wenn zu befürchten ist, dass ein Zeuge bei seiner Vernehmung in Gegenwart des Angeklagten die Wahrheit nicht sagen werde. Für einen solchen zeitweiligen Ausschluss des Angeklagten ist allerdings ein Beschluss des Gerichts notwendig. Der Angeklagte hat aber freiwillig mit Einverständnis des Gerichts den Sitzungssaal verlassen. Der notwendige Beschluss fehlt. Damit liegt ein absoluter Revisionsgrund nach § 338 Nr. 5 StPO vor.[258] Es wird unwiderleglich vermutet, dass das Urteil auf der Verletzung des § 230 StPO beruht.

Die Anwesenheit des Sachverständigen *Dr. Schlau* während der Vernehmung der Zeugen und des Beschuldigten stellt keinen Gesetzesverstoß dar. Dies ist gem. § 80 II StPO zulässig.

Die Vernehmung der Verlobten des Angeklagten ohne vorherige Belehrung stellt einen revisiblen Verstoß gegen § 52 III 1 StPO dar. Da zum einen nicht feststeht, dass die Verlobte ihr Schweigerecht gekannt hat und sie sich zum anderen nach der Belehrung auf ihr Schweigerecht berief, durfte unter Berücksichtigung der sog. Rechtskreistheorie[259] die Aussage

---

[258] *Meyer-Goßner/Schmitt*, § 247 Rn. 47.

[259] Vgl. hierzu *Meyer-Goßner/Schmitt*, Einl. Rn. 55a.

der Verlobten nicht verwertet werden.[260] Das Urteil beruht auf diesem Verstoß, da das Gericht ausweislich der Urteilsgründe seine Feststellungen auf die Aussage der Verlobten gestützt hat.

Die Vereidigung der Verlobten stellt einen Verstoß gegen die Verfahrensnorm des § 61 StPO dar. Die Verlobte wurde, wie sich aus dem Protokoll ergibt, nicht über das Recht, die Beeidigung des Zeugnisses zu verweigern, belehrt. Das Urteil beruht auch auf diesem Verstoß, da das Gericht die Aussage der Verlobten zu Ungunsten des Angeklagten verwertet hat und es sich nicht ausschließen lässt, dass das Gericht die Glaubwürdigkeit der Zeugin anders beurteilt hätte, wenn sie es nach Belehrung abgelehnt hätte, die Aussage zu beschwören.[261]

Die Berücksichtigung der Aussage des Zeugen *Stürmisch* stellt hingegen keinen mit der Revision angreifbaren Fehler dar. Die Befragung des Angeklagten durch den Zeugen KHK *Stürmisch* verstieß gegen § 136 I 2 i.V.m. § 163a IV 2 StPO. Zu diesem Zeitpunkt lag wegen des anonymen Anrufs bereits ein Anfangsverdacht gegen den Angeklagten vor, er war somit Beschuldigter und hätte vor der Vernehmung durch den Zeugen KHK *Stürmisch* über sein Aussageverweigerungsrecht belehrt werden müssen. Zwar ist nicht davon auszugehen dass der Angeklagte sein Recht zu schweigen gekannt hat. Ein Verwertungsverbot besteht hier jedoch nicht, da der Verteidiger zu spät, also nach dem in § 257 StPO festgelegten Zeitpunkt, der Verwertung widersprochen hat.[262]

Die Ablehnung des vom Verteidiger *Spät* in seinem Schlussvortrag gestellten Beweisantrages auf Vernehmung des Zeugen *Kumpel* erfolgte rechtsfehlerfrei. Der Zeuge sollte belegen, dass der Angeklagte von einem Dritten unter Morddrohung zur Tat gezwungen worden sei. Die Vernehmung des Zeugen *Kumpel* hatte der Verteidiger nur für den Fall einer Verurteilung zu einer Freiheitsstrafe, deren Vollstreckung nicht zur Bewährung ausgesetzt wird, beantragt. Der Sache nach richtet sich dieser Antrag auf den Nachweis eines rechtfertigenden (§ 34 StGB) oder entschuldigenden (§ 35 StGB) Notstandes,[263] also gegen den Schuldspruch. Ein solcher Hilfsbeweisantrag, der sich nach der zu beweisenden Behauptung gegen den Schuldspruch richtet, aber nur für den Fall einer bestimmten Rechtsfolgenentscheidung als gestellt gelten soll, ist widersprüchlich und daher unzulässig.[264] Auch die Tatsache,

[260] *Meyer-Goßner/Schmitt*, § 52 Rn. 32.

[261] *Meyer-Goßner/Schmitt*, § 61 Rn. 3.

[262] BGH NJW 1992, 1463; *Meyer-Goßner/Schmitt*, § 136 Rn. 20 und 25 (sog. Widerspruchslösung).

[263] Zum Problem des „Nötigungsnotstandes" vgl. Schönke/Schröder/*Perron*, § 34 Rn. 41b.

[264] BGH NJW 1995, 603; *Meyer-Goßner/Schmitt*, § 244 Rn. 22a.

dass die Ablehnung bzw. Ablehnungsbegründung erst in den Urteilsgründen erfolgte, stellt keinen Gesetzesverstoß dar.[265]

Das Gericht hat aber gegen seine aus § 244 II StPO folgende Aufklärungspflicht verstoßen, indem es den Zeugen *Kumpel* nicht vernommen hat. Der o.g. Beweisantrag des Verteidigers stellt einen Umstand dar, durch den sich das Gericht zur Vernehmung des Zeugen *Kumpel* gedrängt sehen musste. Das Urteil beruht auch auf diesem Verstoß, da das Urteil bei Berücksichtigung der Aussage des Zeugen *Kumpel* möglicherweise anders ausgefallen wäre. Es ist also die Aufklärungsrüge[266] zu erheben.

Zusammenfassend schlage ich vor, die Revision mit den von mir angenommenen Verfahrensverstößen zu begründen und zu beantragen, das Urteil der zweiten großen Strafkammer vom 18. Mai 2020 mit den zu Grunde liegenden Feststellungen aufzuheben und die Sache an eine andere Kammer desselben Gerichts zurückzuverweisen.

Ich bedanke mich für Ihre Aufmerksamkeit.

V. Ergänzende Bemerkungen

Der Vortrag ist relativ umfangreich, sodass wegen des engen Zeitrahmens auf eine gestraffte und auf das Wesentliche reduzierte Darstellung besonders geachtet werden muss. Sachverhaltsangaben in Bezug auf die Tat tragen zur Falllösung – die auf Verfahrensfehler ausgerichtet ist – nichts bei und fehlen daher i.R.d. Sachberichts weitgehend. Die Zulässigkeit der Revision ist unproblematisch und daher – auch aus Zeitgründen – nicht vertieft anzusprechen. **179**

Inhaltlich bilden verfahrensrechtliche Standardprobleme den Gegenstand des Vortrags. Vorschriftswidrige Abwesenheit von Prozessbeteiligten (§ 338 Nr. 5 StPO), Fehler bei Zeugenvernehmungen sowie der fehlerhafte Umgang mit Beweisanträgen werden immer wieder zum Prüfungsgegenstand gemacht.

Da laut Aufgabenstellung ein Gutachten zu erstatten ist, muss auch auf die Verfahrensfragen eingegangen werden, die zwar problematisch sind, letztlich eine Verfahrensrüge jedoch nicht begründen können.

---

[265] *Meyer-Goßner/Schmitt*, § 244 Rn. 44a.
[266] *Meyer-Goßner/Schmitt*, § 244 Rn. 80.

Übungsfall 6 – Ich bin in Haft, hol mich hier raus!

I. Vorbemerkung

180 Der abschließende Übungsfall ist einer Originalaufgabe aus der zweiten juristischen Staatsprüfung nachgebildet. Gegenstand ist eine anwaltliche Beratung im Zusammenhang mit Untersuchungshaft. Die Vortragsdauer beträgt 10 Minuten.

II. Aktenauszug

Daniel J. Schneider 11.06.2020
Rechtsanwalt
Gartenstr. 7
99099 Erfurt

Verfügung

1. Vermerk:

Heute habe ich Herrn *Jan-Silvio Bartus*, Hauptstraße 72, 99086 Erfurt in der Justizvollzugsanstalt Tonna aufgesucht, um das weitere Vorgehen zu besprechen. Herr Bartus sitzt dort zurzeit aufgrund des Haftbefehls des *Amtsgerichts Erfurt* vom 05.06.2020, Az. 25 Gs 701/20 – 33 Js 860/20 –, ein. Ihm wird vorgeworfen, die ARAL-Tankstelle in der Rudolstädter Straße 58, 99099 Erfurt überfallen zu haben.

Ich habe Herrn Bartus die Beweislage erläutert und die Vorteile eines frühen Geständnisses aufgezeigt. Er bestreitet aber weiterhin den Tatvorwurf und empfindet es als ungerecht, in Untersuchungshaft zu sitzen. Besonders erschüttert sei er über die Ermittlungsrichterin. Er habe von Anfang an kein Vertrauen in die Ermittlungsrichterin gehabt, die ihn dann auch ohne ersichtlichen Grund in Untersuchungshaft genommen habe. Das nächste Mal werde er nicht wieder so ruhig bleiben wie in der Verhandlung am 05.06.2020, sondern der Richterin „ordentlich die Meinung geigen“. Jetzt möchte er in erster Linie aus der Untersuchungshaft entlassen werden. Er habe ab dem 29.06.2020 eine neue Arbeitsstelle beim Aldi-Markt und befürchtet, dass er bei Fortdauer der Haft die neue Arbeitsstelle nicht antreten kann und deshalb die Arbeitsstelle sofort wieder verlieren würde. Zudem habe er eine Freundin, Maren Schmitz, die mit den beiden gemeinsamen Töchtern, Alessa-Sarah (4 Jahre) und Shirley-Cindy (2 Jahre), in der gemeinsamen Wohnung in der Hauptstraße 72 in Erfurt ohne seine Hilfe ganz allein zurecht käme.

Ich habe Herrn Bartus erklärt, dass ich zunächst Akteneinsicht nehmen muss, um das weitere Vorgehen sachgerecht vorbereiten zu können und dass ich nach Akteneinsicht prüfen werde, was gegen den Haftbefehl des *Amtsgerichts Erfurt* unternommen werden kann.

Im Anschluss an das Gespräch suchte ich die *Staatsanwaltschaft Erfurt* auf und nahm dort Einblick in die Verfahrensakte (33 Js 860/20). Ich fertigte von der Akte eine Ablichtung an.

2. Kopie der Ermittlungsakte zur Handakte nehmen.

3. WV.: sofort!

Schneider
(Rechtsanwalt)

Hinweis: Die von dem Verteidiger gefertigte Kopie der Ermittlungsakte wird nachfolgend in Auszügen wiedergegeben. Es ist davon auszugehen, dass nicht abgedruckte Aktenbestandteile für die Fallbearbeitung nicht von Bedeutung sind.

Auszug aus der Ermittlungsakte

Landespolizeiinspektion Erfurt 03.06.2020
Inspektionsdienst Süd
Christian-Kittel-Str. 12
99096 Erfurt

Einsatzbericht

Am 02.06.2020 gegen 23:52 Uhr erhielt die Funkstreife Heß, PK, und Unterzeichner den Auftrag, in die Rudolstädter Straße 58, 99099 Erfurt zu fahren. In der dortigen ARAL-Tankstelle soll sich ein Überfall ereignet haben.

Wir erreichten gegen 23:53 Uhr den Tatort und trafen dort auf die völlig verstört Zeugin

Lisa Krause, wohnhaft Nonnenrain 6, 99099 Erfurt, geboren am 15.2.1968 in Apolda, deutsch, Angestellte,

die als Verkäuferin in der Tankstelle arbeitet. Sie schilderte uns, dass gegen 23:40 Uhr ein ihr unbekannter Mann, der nicht älter als 25

Jahre alt sein könne (1,80 m groß, dunkelblonde Rastalocken), die Tankstelle betreten habe. Der Mann habe eine beige Baseballmütze des Erfurter Fußballvereins FC Rot-Weiß Erfurt e.V. (FC RWE) sowie eine dunkelrote Lederjacke getragen und an der Leine einen Kampfhund, einen weißen Bullterrier, bei sich geführt. Er sei äußerst nervös gewesen und habe zunächst in Zeitschriften in der Auslage geblättert, bis ein sich noch im Verkaufsraum befindlicher Kunde die Tankstelle verlassen hatte. Dann sei er an den Tresen gekommen, habe auf seinen Kampfhund gezeigt und zu ihr gesagt: „Hey, Schnecke, mein Bello hier hat heute noch nicht viel zu fressen gekriegt. Der würde daher liebend gerne über den Tresen springen und sich in deinem Fleisch festbeißen. Das würde er nur dann nicht tun, wenn du mir den Kasseninhalt gibst, damit ich ihm was zu fressen kaufen kann!". Dabei habe der Hund seine Zähne gefletscht und bedrohlich geknurrt.

Die Zeugin habe aufgrund des Auftretens des Mannes keine Zweifel an der Ernsthaftigkeit der Drohung sowie der Gefährlichkeit und Angriffsbereitschaft des Hundes gehabt und dem Täter aus Angst 1.500,– € in verschiedenen Scheinen aus der Kasse übergeben.

Auf Nachfrage erklärte die Zeugin, dass sie das Gesicht des Mannes nicht habe erkennen können, da er seine Baseballmütze tief in sein Gesicht gezogen hätte.

Der Verkaufsraum verfügt über eine Überwachungskamera, der Überfall wurde darauf festgehalten. Die Aufzeichnungen zeigen den von der Zeugin beschriebenen Täter, der eine rote Lederjacke sowie eine beige Baseballmütze mit der Aufschrift „FC RWE" trägt, unter welcher dunkelblonde Rastalocken hervor scheinen. Das Gesicht des Mannes ist auf den Aufzeichnungen nicht zu erkennen.

Es konnten zudem Fingerabdrücke an verschiedenen Hochglanzzeitschriften festgestellt werden

Die Zeugin erklärte auf Nachfrage, dass sie einen Strafantrag nicht stellen wolle.

Freiberg, PK

Hinweis: Die Videoaufzeichnung der Tankstelle wurde im Nachhinein mittels USB-Stick gesichert und zum Vorgang genommen. Es ist davon auszugehen, dass die Videoaufzeichnung rechtlich verwertbar ist und aus dieser der Tathergang – wie in dem vorstehenden polizeilichen Einsatzbericht geschildert – ersichtlich ist.

Landespolizeiinspektion Erfurt 03.06.2020
Inspektionsdienst Süd
Christian-Kittel-Str. 12
99096 Erfurt

Vermerk:

Die auf den Zeitschriften festgestellten Fingerabdrücke konnten dem vorbestraften und bereits erkennungsdienstlich behandelten *Jan-Silvio Bartus*, geboren am 17.11.1995 in Jena, wohnhaft in 99086 Erfurt, Hauptstraße 72, zugeordnet werden.
Lichtbilder des Verdächtigen liegen vor, die darauf abgebildete Person trägt dunkelblonde Rastalocken.

Freiberg, PK

Hinweis: Die Ermittlungsakte wurde an die *Staatsanwaltschaft Erfurt* übermittelt und dort unter dem Aktenzeichen 33 Js 860/20 eingetragen. Die zuständige Staatsanwältin *Dr. Meister* beantragte daraufhin noch am selben Tag, dem 03.06.2020, beim zuständigen *Amtsgericht Erfurt* – Ermittlungsrichter – den Erlass eines Durchsuchung- und Beschlagnahmebeschlusses gegen den Beschuldigten *Bartus*.
Diesen Beschluss erließ der zuständige Ermittlungsrichter des *Amtsgerichts Erfurt* noch am selben Tag, dem 03.06.2020, wie beantragt (Az. 25 Gs 700/20 – 33 Js 860/20 –). Von einem Abdruck dieses Beschlusses wird abgesehen. Es ist davon auszugehen, dass der Beschluss rechtsfehlerfrei erlassen und inhaltlich nicht zu beanstanden ist.

Landespolizeiinspektion Erfurt 05.06.2020
Inspektionsdienst Süd
Christian-Kittel-Str. 12
99096 Erfurt

Vermerk:

1.
Aufgrund des Durchsuchungsbefehls des *Amtsgerichts Erfurt* vom 03.06.2019 wurde am gestrigen Tag (04.06.2019) gegen 17:00 Uhr die Wohnung des Beschuldigten *Jan-Silvio Bartus*, Hauptstraße 72, 99086 Erfurt in Abwesenheit des Beschuldigten durchsucht. Dabei wurden eine beige Baseballmütze mit der Aufschrift „FC RWE“ sowie eine

rote Lederjacke gefunden. Des Weiteren befand sich in der Küche der Wohnung ein Hundenapf aus Plastik. Auf diesem stand die Aufschrift „Hassos Napf"; unmittelbar über dem Napf hing an der Wand ein Foto mit einem weißen Bullterrier.

Die Lederjacke und die Baseballmütze wurden beschlagnahmt.

Das gesuchte Bargeld in Höhe von 1.500,– € konnten nicht aufgefunden werden. Ebenso wurden keine Einzahlungsbelege oder sonstige Hinweise auf den Verbleib des Geldes gefunden.

2.

Heute Vormittag gegen 12.00 Uhr konnte der Beschuldigte in der Innenstadt von Erfurt durch die Kollegen *Peters*, POK, und *Meyer*, PK, festgenommen werden. Er wurde in den Polizeigewahrsam der Polizeiinspektion Erfurt Süd verbracht und polizeilich vernommen. Nach Belehrung wollte der Beschuldigte vor der Polizei keine Angaben zur Sache machen. Er bat um Benachrichtigung und Hinzuziehung seines Verteidigers, Rechtsanwalt *Daniel Schneider* aus Erfurt.

Der Beschuldigte soll noch am heutigen Tage dem Haftrichter vorgeführt werden.

Freiberg, PK

Hinweis: Es ist davon auszugehen, dass die Durchsuchung formal ordnungsgemäß durchgeführt worden und die Festnahme ebenfalls ordnungsgemäß erfolgt ist.

Amtsgericht Erfurt Erfurt, 05.06.2020
Rudolfstraße 46
99092 Erfurt
Geschäfts-Nr. 25 Gs 701/20 – 33 Js 860/20

Ermittlungssache

g e g e n

Jan-Silvio Bartus, geb. am 17.11.1995 in Jena, deutsch, ledig, wohnhaft Hauptstraße 72, 99086 Erfurt

w e g e n Verdachts des Raubes

gegenwärtig:

Richterin am Amtsgericht *Hüttich*
als Richterin,

Staatsanwältin *Dr. Meister*
als Beamtin der Staatsanwaltschaft,
Justizbeschäftigte *Hundt*
als Urkundsbeamte der Geschäftsstelle

Es erschienen:

– vorgeführt – der Beschuldigte

als Verteidiger:
RA *Schneider*

Dem Beschuldigten wurde eröffnet, welche Tat ihm zur Last gelegt wird und welche Strafbestimmungen in Betracht kommen.

Die Befragung über die persönlichen Verhältnisse ergab folgendes:

Die eingangs des Protokolls genannten persönlichen Angaben sind zutreffend.

Zurzeit bin ich arbeitslos und habe mich deswegen auch in finanziellen Schwierigkeiten befunden. Das ist aber nur vorübergehend. Ich habe eine neue Arbeitsstelle gefunden. Am Montag, dem 29.06.2020, kann ich als Aushilfe im Aldi-Markt an der Rudolstädter Straße in Erfurt anfangen.

<u>Auf Nachfrage der Richterin</u>:

Ich werde dort als Einräumhilfe arbeiten. Den Arbeitsvertrag habe ich bereits unterschrieben. Wenn ich meinen Job dort gut mache, haben die mir eine Ausbildungsstelle als Einzelhandelskaufmann in Aussicht gestellt.

<u>Auf Vorhalt des BZR-Auszugs durch die Richterin</u>:

Es ist richtig, dass ich zwei Vorstrafen habe. Mit 15 Jahren bin ich als Jugendlicher mal wegen Betrugs durch das Gericht verwarnt worden. Und vor vier Jahren bin ich dann zu einer Jugendstrafe von neun Monaten auf Bewährung verurteilt worden. Das war wegen unerlaubten Besitzes von Betäubungsmitteln. Die Bewährungszeit von drei Jahren ist seit dem letzten Jahr abgelaufen. Das Gericht hat mir dann die Strafe nach Ablauf der Bewährungszeit erlassen. Das alles sind Jugendsünden, mit denen habe ich abgeschlossen.

Der Beschuldigte wurde auf die ihn belastenden Umstände und darauf hingewiesen, dass es ihm freistehe, sich zu der Beschuldigung zu äußern oder nicht zur Sache auszusagen. Ferner wurde er darüber belehrt, dass er zu seiner Entlastung einzelne Beweiserhebungen beantragen kann.

Er erklärt: Ich bestreite den Tatvorwurf. Mehr möchte ich zu der ganzen Sache nicht sagen.

Der Verteidiger erklärte:

Meinem Mandanten kann die Tat nicht nachgewiesen werden. Ich möchte insoweit darauf hinweisen, dass die Zeugin *Lisa Krause* das Gesicht meines Mandanten nicht gesehen hat und dieses auf den Videoaufzeichnungen ebenso nicht erkennbar war. Eine Identifizierung meines Mandanten ist daher nicht möglich. Des Weiteren konnte das gestohlene Bargeld, die 1500 €, bei meinem Mandanten nicht aufgefunden werden. Deswegen könnte theoretisch jeder mit einer beigen Baseballmütze und einer roten Lederjacke die Tat begangen haben.

Die Fingerabdrücke meines Mandanten auf den Zeitschriften erklären sich dadurch, dass mein Mandant nicht weit – vielleicht 250 Meter – von der Tankstelle entfernt wohnt. Es kommt daher durchaus vor, dass mein Mandant dort eine Zeitung o.ä. kauft.

Die Vertreterin der Staatsanwaltschaft erklärte:

Ich beantrage den Erlass eines Haftbefehls.

Der Verteidiger erklärte:

Der Antrag auf Erlass eines Haftbefehls ist mangels erforderlichen Tatverdachts abzulehnen. Im Übrigen ist zu berücksichtigen, dass mein Mandant am 29.06.2020 eine neue Arbeitsstelle antreten kann, welche er im Falle der Untersuchungshaft wieder verlieren würde. Ich überreiche dem Gericht eine Ablichtung des Arbeitsvertrages der Firma Aldi vom 25.05.2020 (Anlage 1 zum Protokoll vom 05.06.2020).

Der Beschuldigte erklärte:

Ich schließe mich meinem Verteidiger an.

Es wurde anliegender Haftbefehl verkündet.

Der Beschuldigte wurde mündlich über die ihm zustehenden Rechtsmittel belehrt.

Dem Beschuldigten wurde eine Ausfertigung des Haftbefehls und des Vordrucks StPO 4 a (Rechtsmittelbelehrung) ausgehändigt.

Zum Zwecke der Benachrichtigung von seiner Verhaftung gab der Beschuldigte folgende Anschrift an: Maren Schmitz, Hauptstraße 72, 99086 Erfurt.

Hüttich Richterin am Amtsgericht	*Hundt* Justizangestellte als Urkundsbeamtin der Geschäftsstelle

---

Hinweis: Vom Abdruck der Anlage 1 zu Protokoll wird abgesehen. Es ist davon auszugehen, dass sie den angegebenen Inhalt hat.

Amtsgericht Erfurt Erfurt, 05.06.2020
Rudolfstraße 46
99092 Erfurt
Geschäfts-Nr. 25 Gs 701/20 – 33 Js 860/20

Haftbefehl

Gegen den Beschuldigten

Jan-Silvio Bartus, geb. am 17.11.1995 in Jena, deutsch, ledig, wohnhaft Hauptstraße 72, 99086 Erfurt,

– Verteidiger: Rechtsanwalt Daniel J. Schneider, Gartenstraße 7, 99099 Erfurt –

wird die Untersuchungshaft angeordnet.

Er wird beschuldigt,
am 02.06.2020 in Erfurt
unter Anwendung von Drohungen mit gegenwärtiger Gefahr für Leib und Leben eine fremde bewegliche Sache einem anderen in der

Absicht weggenommen zu haben, die Sache sich rechtswidrig zuzueignen.

Am Tattag, dem 02.06.2020, gegen 23:40 Uhr betrat der Beschuldigte, der mit einer roten Lederjacke und einer beigen Baseballmütze mit der Aufschrift „FC RWE" bekleidet war, den Verkaufsraum der ARAL-Tankstelle an der Rudolstädter Straße 58, 99099 Erfurt. Er führte einen Kampfhund, einen Bullterrier mit weißem Fell, an der Leine bei sich. Nachdem er zunächst in einigen Zeitschriften geblättert hatte, ging er mit seinem Hund zum Verkaufstresen und forderte von der Kassiererin und Zeugin Lisa Krause die Herausgabe des in der Kasse befindlichen Bargelds mit den Worten „Hey, Schnecke, mein Bello hier hat heute noch nicht zu viel zu fressen gekriegt. Der würde daher liebend gerne über den Tresen springen und sich in deinem Fleisch festbeißen. Das würde er nur dann nicht tun, wenn du mir den Kasseninhalt gibst, damit ich ihm was zu fressen kaufen kann!" Zur Unterstreichung der Ernsthaftigkeit seiner Forderung zeigte der Beschuldigte auf seinen Kampfhund, welcher dabei die Zähne fletschte und bedrohlich knurrte. Die Zeugin Krause übergab daraufhin aus Angst um Leib und Leben dem Beschuldigten insgesamt 1.500 € in verschiedenen Scheinen aus der Kasse.

Diese Handlung des Beschuldigten ist mit Strafe bedroht nach § 249 StGB.

Der Beschuldigte ist der Tat dringend verdächtig. […]

Es besteht gegen ihn der Haftgrund der Fluchtgefahr gem. § 112 Abs. 2 Nr. 2 StPO. Der Beschuldigte hat eine erhebliche Freiheitsstrafe zu erwarten, die einen erheblichen Fluchtanreiz begründet. […]

Hüttich
Richterin am Amtsgericht

Hinweis: Vom Abdruck der übrigen Teile des Haftbefehls wird zu Prüfungszwecken abgesehen. Auf den Abdruck der ordnungsgemäßen Rechtsbehelfsbelehrung wird ebenfalls verzichtet.

III. Bearbeitervermerk

1. Die Angelegenheit ist aus anwaltlicher Sicht zu begutachten. Dabei sollen auch Überlegungen zur Zweckmäßigkeit des Vorgehens angestellt werden. Zeitpunkt der Begutachtung ist der 11.06.2020.

2. Straftatbestände außerhalb des StGB sind nicht zu prüfen.

3. Sollte eine Frage für beweiserheblich gehalten werden, so ist eine Prognose zu der Beweislage (Verfügbarkeit und Qualität der Beweismittel etc.) zu erstellen.

4. Werden Anträge an ein Gericht empfohlen, so sind diese am Ende des Vortrags auszuformulieren.

5. Es ist davon auszugehen, dass

   – die Formalien (Ladungen, Zustellungen, Unterschriften, Vollmachten) in Ordnung sind, soweit sich aus dem Sachverhalt nicht etwas anderes ergibt;
   – die Zeugin *Lisa Krause*, deren Angaben im Einsatzbericht vom 03.06.2020 festgehalten worden sind, später vernommen worden ist und den Inhalt des Einsatzberichts bestätigt hat;
   – die Angaben des Mandanten zu seinen Vorstrafen laut Protokoll vom 05.06.2020 zutreffend sind;
   – der Haftbefehl durch die nach dem Geschäftsverteilungsplan zuständige Richterin am Amtsgericht *Hüttich* formal ordnungsgemäß erlassen und verkündet wurde.

6. Erfurt verfügt über ein Amts- und ein Landgericht.

IV. Lösungsvorschlag

181 Es geht im vorliegenden Fall um die anwaltliche Beratung eines in Untersuchungshaft sitzenden Beschuldigten, Herrn *Jan-Silvio Bartus* aus Erfurt. Dessen Verteidiger ist Rechtsanwalt *Schneider* aus Erfurt.

Zu Grunde liegt ein Ermittlungsverfahren, in dem auf Antrag der *Staatsanwaltschaft Erfurt* vom *Amtsgericht Erfurt* gegen den Beschuldigten mit Haftbefehl vom 05.06.2020 Untersuchungshaft angeordnet worden ist.

In dem Haftbefehl wird der Mandant beschuldigt, am 02.06.2020 einen Raub begangen zu haben. Er habe, bekleidet mit einer roten Lederjacke und einer Baseballkappe mit der Aufschrift „FC RWE", den Verkaufsraum der ARAL-Tankstelle an der Rudolstädter Straße in Erfurt betreten und zunächst in einigen Zeitschriften geblättert. Anschließend sei er mit seinem an der Leine geführten weißen Bullterrier zum Verkaufstresen gegangen und habe von der Kassiererin und Zeugin die Herausgabe des in der Kasse befindlichen Bargelds verlangt. Er habe gesagt „Hey, Schnecke, mein Bello hier hat heute noch nicht zu viel zu fressen gekriegt. Der würde daher liebend gerne über den Tresen springen und sich in deinem Fleisch festbeißen. Das würde er nur dann nicht tun, wenn du mir den Kasseninhalt gibst, damit ich ihm was zu fressen kaufen kann!". Zur Unterstreichung der Ernsthaftigkeit seiner Forderung habe der Beschuldigte auf seinen Kampfhund gezeigt, welcher dabei die Zähne gefletscht und bedrohlich geknurrt habe. Die Zeugin Krause habe daraufhin aus Angst um Leib und Leben dem Beschuldigten insgesamt 1.500,– € in Scheinen aus der Kasse übergeben.

Im Mandantengespräch am 11.06.2020 bestritt der Mandant den Sachverhalt und brachte seinen Unmut über die Ermittlungsrichterin zum Ausdruck, zu der er kein Vertrauen habe. Er möchte aus der Untersuchungshaft entlassen werden, um seine neue Arbeitsstelle im Aldi-Markt am 29.06.2020 antreten zu können und um sich um seine Familie – er hat eine Freundin sowie zwei Töchter im Alter von 4 und 2 Jahren – kümmern zu können.

Im Rahmen der Akteneinsicht fertigte der Verteidiger eine Kopie der Ermittlungsakte. Die darin protokollierte Aussage der Zeugin *Krause* gibt den Sachverhalt im Wesentlichen wie im Haftbefehl geschildert wieder, wobei die Zeugin noch angab, dass der Mann dunkelblonde Rastalocken gehabt habe, sie aber das Gesicht des Mannes nicht habe erkennen können. Auch die Videoaufnahme einer Überwachungskamera in der Tankstelle zeigt den geschilderten Überfall eines Mannes mit Rastalocken, nicht aber das Gesicht des Täters. Zudem wurden laut Ermittlungsakte Fingerabdrücke auf den Zeitschriften festgestellt und dem Beschuldigten zugeordnet. Lichtbilder des Beschuldigten zeigen ihn mit Rastalocken. Aufgrund eines Durchsuchungsbefehls des *Amtsgerichts Erfurt* vom 03.06.2020 wurde am nachfolgenden Tag die Wohnung des Beschuldigten durchsucht und eine rote Lederjacke sowie eine Baseballmütze mit der Aufschrift „FC RWE" beschlagnahmt. Aufgefunden wurden auch ein Bild mit einem weißen Bullterrier und ein Hundenapf. Das gesuchte Bargeld oder Hinweise auf den Verbleib des Geldes wurden nicht entdeckt. In der Anhörung vor dem Haftrichter am 05.06.2020 machte der Mandant die Angaben wie im Mandantengespräch und gab zudem an, dass ihm eine Ausbildungsstelle als Einzelhandelskaufmann in Aussicht gestellt wurde, wenn er seinen neuen Job bei Aldi gut mache. Der Verteidiger reichte eine Ablichtung des Arbeitsvertrages der Firma Aldi zu den Akten. Der Mandant erklärte zudem, die Vorstrafen aus Jugendzeiten seien Jugendsünden mit denen er abgeschlossen habe.

Ausweislich des BZR-Auszugs liegen eine Verwarnung als Jugendlicher wegen Betruges sowie eine erledigte Jugendstrafe von 9 Monaten auf Bewährung wegen Verstoßes gegen das BtMG vor.

Ich schlage vor, dem Mandanten zu raten, Haftbeschwerde einzulegen. Dieser Vorschlag resultiert aus den folgenden Überlegungen:

Der Mandant möchte in erster Linie aus der Untersuchungshaft entlassen werden. Sein Begehren richtet sich also auf die Aufhebung des Haftbefehls oder zumindest auf dessen Außervollzugsetzung.

Ein Vorgehen gegen den Haftbefehl im Wege einer Haftprüfung oder Haftbeschwerde wird erfolgreich sein, wenn die Voraussetzungen für den Erlass eines Haftbefehls nicht vorliegen oder Gründe vorliegen, die seine Außervollzugsetzung erfordern.

Der Haftbefehl wurde durch die zuständige Richterin formal ordnungsgemäß erlassen und verkündet. Nach § 112 I 1 StPO müsste ein dringender Tatverdacht vorliegen. Dringender Tatverdacht besteht, wenn nach dem aktuellen Stand der Ermittlungen die große Wahrscheinlichkeit besteht, dass der Beschuldigte Täter oder Teilnehmer einer Straftat ist.[267]

Fraglich ist, ob er überhaupt an der Tat vom 02.06.2020 beteiligt war. Er bestreitet, die Tat begangen zu haben. Auf dem Überwachungsvideo ist sein Gesicht nicht zu erkennen und auch die Kassiererin konnte sein Gesicht nicht erkennen. Zudem wurde das entwendete Geld nicht bei ihm aufgefunden. Allerdings ergibt sich aus den übrigen Beweismitteln die hohe Wahrscheinlichkeit seiner Beteiligung. Die ihm eindeutig zugeordneten Fingerabdrücke wurden auf verschiedenen Zeitschriften im Verkaufsraum gefunden. Das Überwachungsvideo zeigt einen Täter mit dunkelblonden Rastalocken, die auch die Zeugin

---

[267] BGH NJW 1992, 1975 (1976); *Meyer-Goßner/Schmitt*, § 112 Rn. 5.

Krause geschildert hat und die auch auf den der Polizei vorliegenden Lichtbildern des Beschuldigten zu erkennen sind. Die auf dem Video zudem erkennbare und von der Zeugin geschilderte auffällig Kleidung – die Baseballmütze mit dem Logo „FC RWE" und die rote Lederjacke wurde in der Wohnung des Beschuldigten aufgefunden. Zudem hängt bei ihm ein Bild eines weißen Bullterriers an der Wand über einen Hundenapf. Die Gesamtumstände sprechen für eine große Wahrscheinlichkeit bezüglich der Täterschaft des Beschuldigten.

Der Beschuldigte könnte – wie im Haftbefehl vom 05.06.2020 zu Grunde gelegt – eines Raubes, § 249 I StGB, dringend verdächtig sein. Die erlangten Geldscheine sind für ihn fremde bewegliche Sachen. Durch die Worte „Hey, Schnecke, mein Bello hier hat heute noch nicht zu viel zu fressen gekriegt. Der würde daher liebend gerne über den Tresen springen und sich in deinem Fleisch festbeißen" hat der Beschuldigte der Zeugin *Krause* mit gegenwärtiger Gefahr für Leib und Leben gedroht. Es müsste darüber hinaus eine Wegnahme vorliegen. In Abgrenzung zu § 255 StGB wird nach ständiger Rechtsprechung verlangt, dass das äußere Erscheinungsbild einem Nehmen entspricht.[268] Die Zeugin *Krause* übergab dem Beschuldigten aber das Geld, sodass eine Wegnahme nicht vorlag. Dringender Tatverdacht hinsichtlich des § 249 StGB ist also abzulehnen.

Dringender Tatverdacht könnte aber nach §§ 255, 250 II Nr. 1 StGB vorliegen. Der Beschuldigte hat die Zeugin *Krause* durch die soeben geschilderte Drohung mit gegenwärtiger Gefahr für Leib und Leben zur Weggabe der Geldscheine – also einem Tun – genötigt und dadurch das Vermögen des Tankstelleninhabers geschädigt. Die Zeugin *Krause* stand – da Sie als Verkäuferin in der Tankstelle arbeitete – in einem Näheverhältnis zum Vermögen des Tankstelleninhabers. Der Einsatz des Kampfhundes als Drohmittel könnte die Verwendung eines gefährlichen Werkzeugs darstellen. Das ist jeder körperliche Gegenstand, der nach seiner konkreten Beschaffenheit und Vorstellung des Täters die Eigenschaft besitzt, als Mittel zur Gewaltandrohung eingesetzt werden zu können.[269] Der vom Beschuldigten eingesetzte Kampfhund ist objektiv gefährlich und sollte nach Vorstellung des Beschuldigten der Drohung dienen, ist also ein gefährliches Werkzeug.[270] Die Zeugin hat das entsprechend erkannt und die Drohung wahrgenommen, sodass der Beschuldigte den Kampfhund auch verwendet hat. Der Beschuldigte handelte zudem vorsätzlich, also in Kenntnis aller objektiven Tatumstände und mit dem Willen zur Verwirklichung des Tatbestandes.

[268] BGH NStZ 1999, 350 m.w.N.
[269] *Fischer*, § 250 Rn. 19.
[270] Vgl. auch BGH NStZ-RR 1999, 174.

Ferner hatte er die Absicht rechtswidriger und stoffgleicher Bereicherung. Er handelte rechtswidrig und schuldhaft und ist daher der schweren räuberischen Erpressung dringend verdächtig.

Ein sich möglicherweise wegen des Ausrufs „Hey Schnecke" ergebender dringender Tatverdacht nach § 185 StGB scheitert jedenfalls am fehlenden Strafantrag, § 194 I 1 StGB. Die Zeugin *Krause* verzichtete in ihrer Vernehmung auf den Strafantrag.

Als Haftgrund könnte hier Fluchtgefahr nach § 112 II Nr. 2 StPO vorliegen. Dann müsste nach Würdigung der Umstände des Einzelfalls die Wahrscheinlichkeit bestehen, dass der Beschuldigte sich dem Strafverfahren eher entzieht als sich diesem zu stellen.[271] Die hohe Straferwartung allein kann regelmäßig nicht zur Begründung der Fluchtgefahr herangezogen werden. Der Anreiz zur Flucht muss auch unter Berücksichtigung aller anderen Umstände so erheblich sein, dass anzunehmen ist, der Beschuldigte werde wahrscheinlich flüchtig werden.[272] Der Beschuldigte hat zwei kleine Kinder, eine feste Freundin, mit der er in einer gemeinsamen Wohnung zusammenlebt sowie Aussicht auf eine geregelte Arbeit. Dem gegenüber steht die hohe Erwartung von mindestens fünf Jahren Freiheitsstrafe, die einen großen Fluchtanreiz bietet. Je höher die konkrete Straferwartung ist, umso gewichtiger müssen die den Fluchtanreiz mindernden Gesichtspunkte sein.[273] Diese Umstände treten hier m.E. deutlich zurück, sodass insgesamt die Gefahr einer Flucht zu bejahen ist.[274]

Die Vollziehung der Haft ist jedoch unverhältnismäßig, § 112 I 2 StPO. Der Beschuldigte verfügt über einen festen Wohnsitz, familiäre Bindungen und die Aussicht auf eine Arbeitsstelle. Zudem wurde bei der Tat niemand verletzt. Der Haftbefehl kann daher nach § 116 I StPO außer Vollzug gesetzt werden.

Zur Prüfung des Haftbefehls stehen die Haftprüfung nach § 117 I StPO und die Haftbeschwerde nach § 304 I StPO zur Verfügung. Bezüglich der Zweckmäßigkeit des Vorgehens ist zu berücksichtigen, dass ein eingelegter Haftprüfungsantrag zur Unzulässigkeit der Beschwerde führt, § 117 II StPO. Zuständig für die Haftprüfung ist der Haftrichter (§ 126 I 1 StPO), über die Haftbeschwerde entscheidet das übergeordnete Beschwerdegericht (§ 73 I GVG), soweit der Beschwerde nicht nach § 306 II StPO abgeholfen wird. Gegen eine negative Entscheidung des Haftrichters kann der Beschuldigte – oder sein Verteidiger gem. §§ 118b, 297 StPO – immer noch Beschwerde einlegen, § 117 II 2 StPO.

---

[271] OLG Köln StV 1994, 582; *Meyer-Goßner/Schmitt*, § 112 Rn. 17, 20.
[272] *Meyer-Goßner/Schmitt*, § 112 Rn. 24.
[273] KG StV 2012, 350; KK-StPO/*Graf*, § 112 Rn. 19.
[274] Ebenso OLG Karlsruhe NJW 1978, 333.

Ausschlaggebend ist vorliegend, dass der Beschuldigte deutlich zum Ausdruck gebracht hat, dass er kein Vertrauen zu der Ermittlungsrichterin hat und er ihr beim nächsten Aufeinandertreffen „ordentlich die Meinung geigen" will. Daher ist es zweckmäßig, dass ein anderer Richter – also das übergeordnete Beschwerdegericht – den Haftbefehl überprüft.

Zusammenfassend schlage ich vor, dem Mandanten zu raten, Haftbeschwerde einzulegen. Dies hat schriftlich beim *Amtsgericht Erfurt* zu erfolgen, § 306 I StPO.

Ich danke Ihnen für die Aufmerksamkeit.

V. Ergänzende Bemerkungen

182 Strafrechtliche Aktenvorträge für das zweite Staatsexamen hatten schon mehrfach das Haftrecht zum Gegenstand. Soweit die Angelegenheit aus anwaltlicher Sicht zu begutachten ist, sollte immer das Mandantenbegehren an den Beginn der Überlegungen gestellt werden.

Im Rahmen der Abgrezung von § 249 und § 255 StGB gelangt man zum gleichen Ergebnis, wenn man mit der im Schrifttum vorherrschenden Ansicht eine Vermögensverfügung fordert.[275] Denn aus Sicht der verfügenden Zeugin *Krause* war der Gewahrsamswechsel von einer von ihr vorzunehmenden Mitwirkungshandlung abhängig.

Haftprüfung und Haftbeschwerde führen zu einer umfangreichen Prüfung durch das zuständige Gericht, welches den Tatvorwurf auch auswechseln kann.[276] Daher war auch der dringende Tatverdacht mit Blick auf die nicht im Haftbefehl erwähnte schwere räuberische Erpressung (§§ 255, 250 II Nr. 1 StGB) zu erörtern.

Hinsichtlich der Fluchtgefahr und der Unverhältnismäßigkeit der Anordnung bzw. des Vollzuges der Untersuchungshaft ist mit entsprechender Begründung auch ein anderes Ergebnis vertretbar. Entscheidend ist insbesondere, zu erkennen, welche Bedeutung in diesem Zusammenhang die hohe Straferwartung hat.

Der Fall ist recht umfangreich, sodass auf die Einhaltung des Zeitrahmens besonders zu achten ist. Der Bearbeiter kann sich auch kürzer fassen als im oben dargestellten Lösungsvorschlag.

Die vorliegende Aufgabenstellung kann leicht um weitere Fragen erweitert werden. So ist es möglich, dass es sich um einen vorbestraften und unter Bewährung stehenden Beschuldigten handelt und somit zusätzlich die Frage der Rechtmäßigkeit eines Widerrufs der Strafaussetzung zu beurteilen ist.

---

[275] Vgl. hierzu Schönke/Schröder/*Bosch*, § 253 Rn. 8 m.w.N.
[276] *Meyer-Goßner/Schmitt*, § 117 Rn. 6, 11.

Kurzübersicht 1. Aufbau und Zeiteinteilung

Die Zeitangaben verstehen sich nur als Anhaltspunkt. Es liegt eine Vortragszeit von zehn Minuten zugrunde. Je nach Fallgestaltung sind leichte Abweichungen möglich.

Begrüßungsformel → Rn. 64	---
Einleitung → Rn. 65 ff.	30 Sekunden
Sachbericht → Rn. 70 ff.	3 Minuten
Kurzer Entscheidungsvorschlag → Rn. 83 ff.	10 Sekunden
Rechtliche Würdigung → Rn. 86 ff.	6 Minuten
Vollständiger Entscheidungsvorschlag → Rn. 97	20 Sekunden
Dank für die Aufmerksamkeit → Rn. 98	---

Kurzübersicht 2. Das Wichtigste auf einen Blick

Kriterien für Inhalt, Aufbau, Umfang, Formulierungen: Sachdienlichkeit, Übersichtlichkeit und Verständlichkeit

1. Einleitung
– zwei bis drei Sätze
– welches Verfahren, wo, gegen wen?
– welche Entscheidung steht an?
– weitere Details nur, falls nützlich

2. Sachbericht
– max. 1/3 der Vortragsdauer
– knappe, vollständige Darstellung des wesentlichen Sachverhalts
– Schilderung des aus Bearbeitersicht feststehenden Sachverhalts
  – Beweiswürdigungen erst in der rechtlichen Würdigung
– Details nur, soweit notwendig
  – Pauschalierungen
  – Verweis auf rechtliche Würdigung
– keine Rechtsansichten

3. Kurzer Entscheidungsvorschlag

4. Rechtliche Würdigung
– ca. 2/3 der Vortragsdauer
– nachvollziehbare Begründung des eigenen Vorschlags
  – keine Alternativlösungen
– verknappte Gutachtenform (Misch-Stil)
– Schwerpunkte setzen
  – Selbstverständliches nur kurz
  – Problematisches umfangreicher

5. Vollständiger Entscheidungsvorschlag
– vollständig im Manuskript niederschreiben

Stichwortverzeichnis

Die Angaben beziehen sich auf die Seitenzahlen des Buches.